中国特色经济学·研究系列

外部性、重工业与经济发展

计划经济时代再考察

郑东雅 著

Externality, Heavy Industry and Economic Development

The Chinese Planning Economy Revisited

 南京大学出版社

图书在版编目(CIP)数据

外部性、重工业与经济发展：计划经济时代再考察 /
郑东雅著. — 南京：南京大学出版社，2023.12
（中国特色经济学. 研究系列）
ISBN 978 - 7 - 305 - 27261 - 5

Ⅰ. ①外… Ⅱ. ①郑… Ⅲ. ①中国经济－计划经济体
制－研究 Ⅳ. ①F129

中国国家版本馆 CIP 数据核字(2023)第 177046 号

出版发行　南京大学出版社
社　　址　南京市汉口路 22 号　　　　邮　编　210093
丛 书 名　中国特色经济学·研究系列
书　　名　外部性、重工业与经济发展：计划经济时代再考察
　　　　　WAIBUXING, ZHONGGONGYE YU JINGJI FAZHAN: JIHUA JINGJI SHIDAI ZAI KAOCHA
著　　者　郑东雅
责任编辑　张　静
照　　排　南京南琳图文制作有限公司
印　　刷　南京玉河印刷厂
开　　本　787mm×960mm　1/16　印张 10.75　字数 186 千
版　　次　2023 年 12 月第 1 版　2023 年 12 月第 1 次印刷
ISBN 978 - 7 - 305 - 27261 - 5
定　　价　55.00 元

网址：http://www.njupco.com
官方微博：http://weibo.com/njupco
官方微信号：njupress
销售咨询热线：(025) 83594756

序言：坐冷板凳的意义

郑东雅是我的第一个博士生，欣闻她的博士论文要出版，我非常高兴。东雅是我指导的几十位博士生里理论模型能力最强的一位。她的博士论文构建了一个动态一般均衡模型，研究计划经济时代重工业优先发展战略的得失，在模型校准的基础上，她还计算了最佳补贴率和最优补贴时间。从纯技术的角度来看，东雅的博士论文绝对是改革开放以来我国经济学博士论文当中数理模型应用最难之一；从对文献的贡献的角度来看，东雅的博士论文用严谨的动态一般均衡模型研究重工业优先发展战略，在世界范围内属于首次；从现实意义的角度来看，东雅的博士论文对于我们认识产业政策具有相当的启示意义。产业政策一直是我国政府推动经济发展的主要手段之一。在中美竞争的大背景下，产业政策重新回归国际学术研究和政策讨论的范畴，东雅的博士论文出版恰逢其时。

我个人认为，对产业政策的最好辩护是中间产品企业的规模经济和它们的技术外部性，其他辩护（如市场缺陷、政府的协调能力、优势产业引导等）都难以站稳脚跟。当一个中间产品企业具有规模经济的时候，它就必须达到最低经济规模之后才可能生存下来；当它没有达到最低经济规模的时候，就会出现企业收益与社会收益脱节的情况。此时，政府给予重工业企业适当的补贴（如资本补贴），就可以降低最低经济规模的门槛，从而让更多的重工业企业产生并活下来。另一方面，中间产品企业提供的产品可以提高下游企业的迂回生产程度，降低下游企业的生产成本，从而具备了技术外部性。这使得中间产品厂商不同于最终产品厂商，后者即使存在规模经济，也不具备技术外部性，因而不应该获得政府的补贴。

东雅的博士论文正是沿着这个思路展开的。她构建了一个动态一般均衡模型来刻画经济系统的运行，并用我国的实际数据对模型进行了校准，然后比较了三种战略的优劣，它们是市场战略（没有任何补贴）、最优赶超战略和过度赶超战略（实际发生的情况）。她发现，存在最优赶超战略，它在长期的表现好于市场战略（资本存量更高，效用贴现之和更大），更好于过度赶超战略，后者的补贴更高、补贴时间太长。东雅所表现出的娴熟的数理模型能力，在国内培养的博士生当中十分罕见。

东雅的博士论文对于我们重新理解重工业优先发展战略具有重要意义。过去几十年里，全面否定这个战略的意见主导了国内学术界，但却没有出现认真对这个战略进行数量研究的文章。东雅的博士论文告诉我们，对这个战略需要进行一分为二的分析。她从理论上证明，重工业优先发展战略本身是一个正确的选择，并用校准模型证明，问题出在当时的补贴高于最优补贴，而且更为重要的是，补贴时间过长。这个结论值得从事共和国史研究以及关注当下产业政策的学者重视。

一般而言，女生都愿意选择做经验研究，收集数据、跑回归；作为一个女生，东雅选择一个需要高难模型能力的题目作为博士论文的研究对象，实属不易。事实上，我自己并不太熟悉动态一般均衡模型，我的作用更多的是做她的读者和批评者，多数情况下，我给她很大的压力。记得有一次，她当着我的面流着眼泪问："做这样的研究有啥意义啊？"但她坚持下来了，完成了一篇很见功底的论文。还记得一些男生不服气，觉得一个女生不可能写出这么完美的动态一般均衡模型，所以认真地把东雅的模型推导了一遍，但最后发现没有任何错误，因此心服口服。东雅用行动证明，坐冷板凳是有意义的。

当前国内经济学博士生的一大问题是轻视理论能力的培养和应用，只会做数据、跑回归。在短期，这样的策略会得到回报——文章可以很快发表，毕业的时候因此可以获得好的教职——但在长期，这样的策略就会缺乏后劲，而且更为重要的是，它不可能让一个人在理论上有所突破。东雅的经历告诉博士生同学们，不是他们能力不够，做不了理论，而是因为他们不够努力，不愿意去触碰理论。有些人会说，我不做理论模型，照样知道理论的原理，因此仍然可以做好经验研究。然而，不亲手写理论模型，就不太可能掌握研究对象背后的所有机制，在此基础上做出的经验研究往往会流于表面和笼统，无法深挖背后的机制。我估计东雅的博士论文的主要读者将是博士生，我希望同学们在阅读这本书之后，能够树立信心，勇于冲击理论研究的高地。

姚洋

2022 年 8 月 27 日

目　录

第一章 引 言

改革开放四十多年来的快速发展是建立在计划经济三十年中建立的工业基础上的,我们在分析中国经济增长奇迹时往往忽略计划经济的三十年,甚至许多学者认为中国计划经济时代的工业化道路是一个失败。但是,考虑到中国当时经济发展速度较快、迅速建立比较完整的工业基础以及迅速由农业国转为工业国,我们希望重新审视重工业优先发展是否具有理论依据并且反思计划经济时期的工业化道路。

第一节 研究意义

联合国千年项目(2005)发现,在长达 54 年中(1950—2004 年),48 个低收入国家人均实际国内生产总值的年增长率只有 0.619%,发展中国家工业化道路任重道远。由于生产落后,市场规模小,而资本又很稀缺,在谋求经济发展中,难以做到百废俱兴。在现有的资源下如何才能加快经济发展的步伐? 优先发展重工业还是优先发展轻工业?

虽然苏联和中国通过采用重工业优先发展战略大大加快了工业化进程,但是许多采用重工业优先发展战略的拉丁美洲国家和其他亚洲国家并没有获得成功,苏联和中国在实行重工业优先发展战略后期也出现很多问题。作为重工业优先发展战略的理论依据——生产资料生产优先增长——遭到学者们的质疑。我们需要从理论上重新构建实行重工业优先发展战略的理论基础,探讨为什么重工业优先发展战略前期大大加快工业化进程而到了后期经济却发展缓慢。我们需要讨论在什么条件下要实行重工业优先发展战略;如果要实行重工业优先发展战略的话,那么采取什么方式进行重工业优先发展战略;是一直实行重工业优先发展战略还是需要在合适的时间转型。

从实践角度来看，我们需要客观评估中国计划经济时期工业化道路的得失。如果中国没有实行重工业优先发展战略，那么经济会是什么样的？中国实行重工业优先发展战略是否加快了经济发展？面对后期出现的诸多问题我们在实际操作中是否有失误的地方？这对于许多工业化似乎遥遥无期并且进程缓慢的发展中国家来说具有借鉴意义。

一、理论意义

一般来讲，工业化模式有两种方式，优先发展轻工业或者优先发展重工业。前者以英国为典型代表，一般花了 50 年到 100 年的时间才实现工业化；后者以苏联为典型代表，只用了十几年就实现了工业化。

苏联当年采用重工业优先发展战略的理论依据是建立在马克思和列宁的理论基础上，以及由斯大林提出的"生产资料生产优先增长"。马克思把生产分为两大部类，消费资料生产和生产资料生产；把再生产区分为简单再生产和扩大再生产。列宁认为，如果技术进步，单位劳动力操纵机器的数量增多，资本有机构成（不变资本与工资的比例）上升，那么，发展最快的是生产机器的生产资料，其次才是生产消费品的生产资料，而最慢的则是消费品的生产。① 斯大林把这概括为"在扩大再生产下生产资料生产增长占优先地位"，确立了重工业优先发展战略。

但是在 20 世纪 70 年代末 80 年代初，许多学者从不同角度对生产资料生产优先增长提出批评，以此否定重工业优先发展战略。比如鲁济典（1979）提出一个问题，生产资料生产优先增长是一个客观规律吗？他认为，生产资料生产优先发展只是扩大再生产条件代入特定的数字得到的，如果采用其他的数字就可能出现不同的结果，所以扩大再生产并不必然要求生产资料生产优先增长。

20 世纪 50 年代也有经济学家提出要优先发展重工业的政策建议。第一代发展经济学家认为经济发展是一个非渐进的和非连续的过程。纳克斯（Nurkse，1953）提

---

① 列宁.论所谓市场问题[M]//列宁.列宁全集：第 1 卷.北京：人民出版社，1955：88.

出贫困恶性循环(vicious circle of poverty)理论,纳尔逊(Nelson,1956)提出低水平均衡陷阱(low-level equilibrium trap)理论,米达尔(Mydal,1957)提出因果关系是循环累积的。罗森斯坦·罗丹(Rosenstein-Rodan,1943)提出著名的"大推进"理论,他认为发展中国家要迅速改变自己的经济面貌必须进行全面的和大规模的投资,但是发展中国家的资本非常稀缺,要进行全面的和大规模的投资不太可行。赫希曼(Hirschman,1958)提出著名的"联系效应"(linkage effects)理论,他认为评价投资决策不仅要依据决策对产出的直接贡献,而且还要依据决策可能推动的进一步投资金额。人们应考虑到以联系为基础的动态过程,经济应该发展"联系效应"大的产业,比如说重工业,推行"不平衡发展战略"。

由于第一代发展经济学家提出的政策并没有解决大规模的贫困,许多人谴责政策导致的扭曲和公共政策产生的非市场失灵,经济学家日益摆脱对发展规划和计划的迷恋。在20世纪80年代,第二代发展经济学家支持"新古典主义经济学的复苏",其核心概念是市场、价格和激励,中心思想是倡导最小限度的国家。然而随着人们对"新市场失灵"的认识,新增长理论对知识、外部性和动态收益递增的探索,"出现了向第一代发展经济学家重视因市场规模影响而产生的收益递增……重要性的回归。"人们重新意识到政府在处理新市场失灵(不完全信息、不完全市场、动荡的外部性、规模收益递增、多重均衡和路径依赖性)仍然具有广泛的功能。

墨菲、施莱费尔和维什尼(Murphy,Shleifer & Vishny,1989)用数学形式化方法重新对罗森斯坦·罗丹的"大推进"思想加以严密表述,罗森斯坦·罗丹认为由于缺乏投资协调经济会陷入贫困陷阱,贫困陷阱产生的机制是由于存在现金外部性从而部门间会具有互补性。比如某企业工业化的利润为负,但是它提高了工人的工资,从而提高了其他部门的需求,其他部门工业化就会变得有利可图。西科恩和松山(Ciccone & Matsuyama,1996)考虑了由于中间品的生产需要数额较大的固定投资,如果市场规模过小,具有规模报酬递增的技术无法在经济中得到充分利用,所以经济可能会陷于贫困陷阱。墨菲、施莱费尔和维什尼考虑了工业化进程,但是它只考虑部门间的水平外部性。西科恩和松山考虑了垂直外部性,但是它没有考虑垂直外部性对工业化进程的影响,而且也没有考虑水平外部性。

由于作为重工业优先发展战略的理论依据"生产资料生产优先增长"遭到了学者们的质疑，我们需要根据第一代发展经济学和第二代发展经济学从理论上重新构建实行重工业优先发展战略的理论基础。我们试图同时考虑水平外部性、垂直外部性和工业化进程，同时考虑互补性和规模经济导致的贫困陷阱，并且我们试图提出相应的政策建议。政府通过什么方式才能使经济从低水平均衡转移到高水平均衡？优先发展重工业能不能使经济逃离贫困陷阱？对重工业的补贴率应该达到多高？需要一直对重工业进行补贴还是需要在合适的时机进行转型？如果一直实行重工业优先发展战略会对经济产生什么样的影响？这些在理论上都是非常值得探讨的问题。

二、实践意义

据世界银行的报告，2019 年 204 个国家中仍有 14.2% 的国家属于低收入国家，全球仍有 6.68 亿人生活在低收入国家。联合国千年项目(2005)发现，在长达 54 年(1950—2004 年)的阶段中 48 个低收入国家人均实际国内生产总值的年增长率只有 0.619%。许多国家深陷贫困陷阱，工业化似乎遥遥无期，并且进展缓慢。

而苏联通过重工业优先发展战略迅速工业化，成为世界强国。按照官方的数据，自"一五计划"以来苏联 1928—1940 年平均年经济增长速度是 16.8%，考虑到通货膨胀等因素，学者把它调整为 10%~14%。中国也通过重工业优先发展战略建立了比较完整的工业体系，从农业为主的国家转变为以工业为主的国家。中国实行重工业优先发展战略时期，社会总产值、工农业总产值和国民收入的平均年增长率分别达到 7.9%、8.2% 和 6.0%。其他发展中国家能否从中国和苏联的工业化道路中汲取经验，从而使经济成功起飞？照搬中国和苏联的路径吗？

与此同时，20 世纪五六十年代位于拉丁美洲的阿根廷、乌拉圭、智利和玻利维亚以及位于亚洲的菲律宾和印度也纷纷开始实行重工业优先发展战略，但是他们并没有获得很大的成功。而苏联和中国本身由于实行重工业优先发展战略也面临很多问题。自 1958 年以来苏联经济增长速度开始减缓，直到后来步履维艰，难以为继。虽然中国增长速度较快，但是计划经济时代中国人民的生活水平并没有显著提高。那么就能完全否定中国和苏联的道路吗？

　　我想这两种态度都不免失之偏颇。我们应该分析清楚为什么最初实行重工业优先发展战略时国力大大提升,而到了后期却出现越来越多的问题? 重工业优先发展战略对经济产生什么积极作用? 重工业优先发展战略具有什么副作用? 发展中国家是否需要实行重工业优先发展战略? 我们应该实行什么样的重工业优先发展战略? 这种重新审视对于许多国家和地区自觉或不自觉地采用重工业优先发展战略的具体实践来说是非常重要的,对于目前仍深陷贫困陷阱的发展中国家也是非常具有借鉴意义的。

　　就中国的实践而言,我们如何看待中国在计划经济时期实行重工业优先发展战略的这段历史? 由于长期实行重工业优先发展战略,轻重工业比例严重失调,轻工业严重滞后,消费品品种单一、短缺现象严重,人民生活水平长期得不到提高。但是我们在批评重工业优先发展战略造成很多问题的同时是否需要问一下:如果没有实行重工业优先发展战略,那么中国现在会怎么样?

　　计划经济时期重工业优先发展战略把有限的资源聚集到最紧迫发展的行业,我国能在较短的时期内迅速建立起较完整的工业体系,这为改革开放之后我国经济的高速增长奠定了坚实基础。1952 年,我国国民收入总额为 589 亿元,人均仅 104 元;人均原油产量仅为 0.8 公斤,钢产量为 2.4 公斤,发电量为 12.8 度,原煤产量为 120 公斤。面对如此薄弱的工业基础,中国实行重工业优先发展战略,1953—1977 年中国工业总产值年均增长高达 11.3%,中国由一个以农业产值为主的国家转变为一个以工业产值为主的国家。中国建立了过去所没有的汽车、飞机、大型电机设备制造业,重型和精密机器制造业,冶金和矿山设备制造业,黑色及有色金属冶炼业,高级合金钢、无缝钢管和铝加工业以及化学工业等新的工业部门,已基本形成门类齐全的工业体系(赵德馨,2003)。到现在我们仍然可以看到当年的重工业优先发展战略对当下经济起到的正面作用。在改革前建立的基本完善的工业体系为在中国经济增长奇迹中起到重要作用的乡镇企业和民营企业提供了大量的中间投入品,包括各种廉价的机器设备、电费和煤费;同时输送了大量的人才,包括各种技师以及纷纷下海成为企业家的国有企业的职工等。没有当年建立的比较完备的工业体系,很难想象到中国现在是怎样的面貌。

　　计划经济时期实行的重工业优先发展战略对中国来说是一个错误的决定还是为改革开放后的经济腾飞所必须做出的一个牺牲？当我们面对改革开放以后经济的高速发展，我们回过头来如何评价这段历史？如果当年没有实行重工业优先发展战略，中国经济是会更早腾飞还是会陷于贫困陷阱？

　　因此，无论是从理论上还是从实践上，我们对于重工业与经济发展的关系仍然存在很多困惑。本书将重新寻找重工业优先发展战略的理论依据，试图分析重工业优先发展战略对经济的积极作用和消极作用，评估中国在计划经济时代实行的重工业优先发展战略。

第二节　本书创新

　　以往谈论重工业和轻工业时更多侧重的是资本密集型和劳动密集型的角度，而本书根据统计年鉴的定义，把生产消费资料的部门称为轻工业，把生产生产资料的部门称为重工业。重工业和轻工业是上下游的关系，重工业为轻工业提供中间投入品，轻工业为重工业提供市场。重工业生产的中间产品应用广泛，它往往可以同时应用于许多轻工业的生产，比如钢铁和机床等；轻工业生产的消费品可以用于消费，提高人民福利水平。本书将从上述视角讨论重工业在经济发展中的作用和评价中国计划经济时代实行的重工业优先发展战略。本书试图在包含农业、轻工业和重工业的动态一般均衡模型框架下讨论重工业与经济发展的关系，并且在此基础上实证检验计划经济时期实行的重工业优先发展战略对经济带来的影响，以此来评估重工业优先发展战略。文章的创新工作主要体现在以下几个方面：

　　1. 本书将重新寻找重工业优先发展战略的理论依据。苏联当年采用重工业优先发展战略的理论依据是"生产资料生产优先增长"，本书将从 20 世纪 50 年代发展经济学家提出的经典思想寻找新的理论依据。比如纳克斯提出的"贫困的恶性循环"理论，罗森斯坦·罗丹提出的"大推进"理论，赫希曼提出的产业间"前后向联系"等等。自八十年代末，经济学家逐渐把 50 年代发展经济学家提出的经典思想模型化，这对于我们在规范的框架下讨论重工业与经济发展的关系提供了很好的工具。本书将使用规范的模型把 50 年代发展经济学家提出的部分经典思想应用到讨论重工业与经济发展的关系上来。

2. 除了考虑重工业优先发展战略有可能可以加快经济增长速度以外,本书还会考察重工业优先发展战略是否有助于中国脱离贫困陷阱。墨菲、施莱费尔和维什尼认为由于缺乏投资协调,经济会陷入贫困陷阱。西科恩和松山认为由于中间品的生产需要数额较大的固定投资,如果市场规模过小,报酬递增的技术无法在经济中得到充分利用,所以经济可能会陷于贫困陷阱。本书将在墨菲、施莱费尔和维什尼及西科恩和松山的基础上构建包括农业部门、轻工业部门和重工业部门的动态一般均衡模型,同时考虑互补性和规模经济导致的贫困陷阱。在上述构建的模型框架下,本书将会考察重工业优先发展战略是否有助于中国脱离贫困陷阱。

3. 本书不仅考虑到重工业部门在经济发展中的积极作用,还考虑到轻工业部门在经济发展中的积极作用,从而提出不一样的政策建议。无论是计划经济时期,还是50 年代发展经济学家提出的思想,考虑更多的是重工业部门在经济发展中的作用,忽略了轻工业部门的作用,所以提出的政策建议倾向于过度重视重工业。这导致了"以产为纲"和"为生产而生产"的错误思想,给中国经济和人民生活带来了极大的负面影响。本书认为,一方面轻工业作为重工业的下游产业,具有需求效应;另一方面轻工业生产的各种各样的消费品有利于提高相同消费下所带来的效用。一旦考虑到轻工业这些特性,提出的政策建议自然就不同。本书认为,如果不考虑补贴带来的扭曲性效应,随着经济的发展对重工业的补贴应该下降。如果考虑到补贴带来的扭曲性效应,政府对重工业进行补贴一段时间后应该进行重工业优先发展战略的转型。

4. 现有文献对于如何评价计划经济时期实行的重工业优先发展战略更多地倾向于定性分析,本书试图进行定量分析。首先构建轻工业部门和重工业部门的动态一般均衡模型,然后根据中国的经济数据对参数进行校准,接下来进行两个政策试验,一个是中国没有实行重工业优先发展战略,另一个是中国实行合适的重工业优先发展战略。前一个试验可以让我们评价计划经济时期实行的重工业优先发展战略给中国带来什么样的影响。后一个试验可以让我们剔除实际实行的重工业优先发展战略的操作问题，从而可以评价重工业优先发展战略本身对于经济发展的影响。

5. 从技术层面，本书采用了两阶段最优控制法来考察重工业优先发展战略的具体操作问题。由于重工业优先发展战略具有积极意义，同时也具有负面作用，因此重工业优先发展战略可能存在转型问题。重工业优先发展战略是否需要转型？重工业优先发展战略什么时候需要转型？对重工业应该补贴多少？本书将分两阶段进行考察，第一阶段实行重工业优先发展战略，第二阶段取消重工业优先发展战略，政府的目标是最大化所有人的长期福利。本书采用两阶段最优控制法来解决上述问题。

第三节　本书结构

本书一方面从理论上探讨了重工业与经济发展的关系。由于重工业具有较强的规模经济，并且应用广泛，具有较强的垂直外部性。对重工业进行补贴有利于加快建立工业基础，提高现代部门的生产效率，从而有利于经济走出贫困陷阱。通过一段时间对重工业进行补贴有利于利用重工业的外部性，暂时压低消费来换取未来的高消费，从而提高所有人的福利。另一方面对中国计划经济时代实行的重工业优先发展战略进行反思。由于计划经济时期重工业优先发展战略补贴时间过长，导致人民生活水平长期得不到提高。但是我们只能批评在"以产为纲"和"为生产而生产"的思想指导下计划经济时期重工业优先发展战略过头了，并不能就此否认重工业优先发展战略本身。如果我们采用合适的重工业优先发展战略，那么这将有利于经济的发展和人民生活水平的提高。文章具体安排如下。

首先，本书在第二章回顾重工业优先发展战略原有的理论依据以及 20 世纪 80 年代以来对重工业优先发展战略的各种批评意见。面对重工业优先发展战略原有的理论依据的否定，本书介绍 20 世纪 50 年代发展经济学家提出的经典思想，特别是纳克斯的"贫困的恶性循环"，罗森斯坦·罗丹的"大推进"和赫希曼的产业间"前后向联系效应"，并回顾 20 世纪 80 年代末以来对这些经典思想的模型化情况。这些提供了重新解释重工业优先发展战略的思想源泉。

接下来，我们在第三章讨论第一个需要采用重工业优先发展战略的理由。我们构建包括农业部门(传统部门)、轻工业部门(现代部门)和重工业部门(中间品部门)的动态一般均衡模型探讨贫困陷阱产生的原因以及对重工业进行补贴有助于经济脱离贫困陷阱的机制。当重工业部门生产的中间品种类越多,使用中间品作为投入要素的现代部门生产效率越高,用现代部门生产的消费品的比例越大,对中间品的需求越高,从而厂商会生产越多种类的中间品,经济会实现良性循环,走向高水平均衡;当中间品种类越少,使用中间品作为投入要素的现代部门生产效率越低,用现代部门生产的消费品的比例越小,对中间品的需求越少,从而厂商会生产越少种类的中间品,经济则会出现恶性循环,走向低水平均衡。如果经济初期重工业生产的中间品过少,那么经济有可能会陷入贫困陷阱。此时,通过对重工业进行补贴,提高重工业投资比例,有可能可以打破恶性循环,经济有可能逃离贫困陷阱。

我们在第四章讨论第二个需要采用重工业优先发展战略的理由,同时也说明重工业优先发展战略可能出现的负面作用。我们构建包括轻工业部门(最终品部门)和重工业部门(中间品部门)的动态一般均衡模型,重工业具有额外的外部性,所以需要对重工业进行补贴。一方面,中间品和最终品的生产通过需求效应是相互促进的。中间品和最终品的生产都需要一个前期投入,因此都具有规模经济。一种产品能否被生产,取决于对它的需求的大小。最终品的生产使用劳动和中间品,最终品种类和产量的增加会导致对中间品需求的增加。反过来,由于产品间分工可以提高经济效率,中间品种类和产量的增加会提高收入水平,因此会提高最终品的需求。另一方面,中间品还具有一个最终品所不具备的性质,即中间品具有现金外部性。由于中间品种类增加会提高重工业部门的生产效率,降低综合中间品的价格,生产最终品会采用更多的中间品,最终品的生产效率会提高,并且会提高所有中间品的需求。因此,中间品可以通过和最终品之间的技术联系,提高最终品的生产效率。这就是本章的核心思想之所在,即重工业比轻工业具有更多的外部性。因此,对重工业的私人投资低于社会最优水平,国家对重工业实行一定程度的补贴是有利的。但是,随着经济的增长,最终品占经济的比重越来越高,其需求效应的作用也会越来越大,因此应该适时降低对重工业的补贴。

在第四章的基础上,我们在第五章反思中国计划经济时代实行的重工业优先发展战略。我们先回顾一下计划经济时代经济发展状况。通过重工业优先发展战略，中国在较短的时间内建立了完整的工业体系，工业总产值增长速度较快，但是人民生活水平并没有得到很大的提高。然后我们根据中国的经济数据在第四章构建的模型的基础上进行校准。根据校准得到的参数进行两个政策试验，一个是中国没有实行重工业优先发展战略，另一个是中国实行合适的重工业优先发展战略。前一个试验可以让我们评价计划经济时期实行的重工业优先发展战略给中国带来什么样的影响。后一个试验通过两阶段最优控制法计算最优的补贴水平和持续时间，这可以剔除实际实行的重工业优先发展战略的操作问题，从而可以评价重工业优先发展战略本身对经济发展的影响。研究表明，中国计划经济时代对重工业的补贴过高，并且持续的时间过长；如果实行合适的重工业优先发展战略，按照最优补贴率对重工业的补贴并且持续约 12 年的时间，那么这将有利于经济的发展和人民生活水平的提高。

最后，我们在第六章对全书进行总结，并对本书的不足和可以扩展的研究方向进行分析。

第二章　相关理论回顾

发展中国家生产落后,供给不足,市场容量狭小,而资源特别是资本又很稀缺,在谋求经济发展中,难以做到百废俱兴。因此,经济增长从何处着手,各个部门如何协调,投资如何布局,都存在着权衡取舍和先后顺序的问题。本章将在第一节回顾在优先发展重工业与优先发展轻工业的思考中各种肯定重工业优先发展战略和否定重工业优先发展战略的理论。在确立重工业优先发展战略期间,许多学者肯定了实行重工业优先发展战略的必要性和意义。但是随着优先发展重工业出现众多问题时,许多学者又从各个角度来批驳重工业优先发展战略,重工业优先发展战略几乎被彻底否定。如何重新寻找重工业优先发展战略的理论依据,本章将在第二节回顾20世纪50年代发展经济学家提出的经典思想,特别是"贫困陷阱"理论、"大推进"理论和"联系效应"理论,以及20世纪80年代末以来对这些经典思想的模型化情况,以期用规范的模型建立重工业优先发展战略的理论基石。

第一节　重工业优先发展战略文献回顾

苏联在1924—1928年通过大辩论最终确立了"优先发展重工业的社会主义工业化路线"。中国在新中国刚成立时一方面受当时的国际国内形势所迫,另一方面受到苏联因实行重工业优先发展战略而最终迅速实现工业化的道路的启发,同样采取了重工业优先战略。但是实行重工业优先发展战略造成了很多问题,包括轻重比例严重失调、消费品种类单一和人民生活水平长期得不到提高等。改革开放以来,计划经济时期的重工业优先发展战略几乎被彻底否定(林毅夫、蔡昉和李周,1994;乌杰,1995)。

一、肯定意见

关于重工业优先发展战略背后的理论依据，国内外诸多学者各自提出了自己的分析、解释和结论。我们先来回顾这些理论和观点。

苏联在新经济政策期间针对工业化展开了优先发展重工业与优先发展轻工业的大辩论。为了迅速恢复苏联经济，斯大林在马克思和列宁的基础上提出了优先发展生产资料生产部门的理论。马克思在《资本论》第 2 卷中讨论再生产问题时，把社会生产划分为两个部类。其中，第 Ⅰ 部类从事生产资料的生产，第 Ⅱ 部类从事消费品的生产，从而可以说明简单再生产条件下和扩大再生产条件下部门之间的关系。列宁(1893)在《论所谓市场问题》中把生产资料划分为制造生产资料的生产资料和制造生活资料的生产资料，这一划分可以说明所费资本如何补偿和所产产品如何实现。他论证了在资本有机构成提高的前提下，可以从马克思的再生产理论中推导出工业化过程中"生产资料增长的规律"，即"制造生产资料的生产资料增长最快，其次是制造消费资料的生产资料的增长，增长最慢的是消费资料的生产"。[①] 后来，斯大林(1925)进一步把"生产资料优先增长"理论确立为"优先发展重工业的社会主义工业化路线"。

G. A. 费尔德曼(G. A. Feldman)在 1928 年为当时的苏联计划委员会制定的发展计划中体现了优先发展重工业的思路，他建立了生产资料生产部门的投资决定增长的理论模型，[②]因此又称为"费尔德曼模式"。费尔德曼认为，长期的经济增长是资本品工业中各种投资的函数，因为要实现长期的经济增长，必须优先对资本品工业进行连续投资以发展重工业，通过发展重工业来为轻工业和农业等提供资本品。这意味着不仅要牺牲当前的消费，而且要消减对消费品工业的投资，以取得较高的资本品工业投资。但是，高资本品工业投资虽然牺牲了短期的消费品工业增长能力，却获取了长期的高资本品生产能力和消费品生产能力；反之，低资本品工业投资或高消费品

---

① 列宁. 论所谓市场问题[M]//列宁. 列宁全集：第 1 卷. 北京：人民出版社,1955:88.

② 多马. 苏联的经济增长模型[M]//多马. 经济增长理论. 北京：商务印书馆,1983:228 - 263。

工业投资虽然使消费品工业在短期内增长较快,却相对降低了它们的长期增长率。所以,费尔德曼主张应优先发展投资和发展资本品工业,实行工业内部的不平衡增长。①

W. G. 霍夫曼(W. G. Hoffmann,1931)提出了"霍夫曼定理"。他根据近 20 个国家工业结构的历史资料,重点分析制造业中消费资料工业净产值和资本资料工业净产值的比例关系("霍夫曼比例"或"霍夫曼系数")。他认为:在工业化第一阶段,消费资料工业的生产在制造业中占主导地位,资本资料工业的生产不发达,此时,霍夫曼比例为 5(±1);在第二阶段,资本资料工业的发展速度比消费资料工业快,但在规模上仍比消费资料工业小得多,此时,霍夫曼比例为 2.5(±1);在第三阶段,消费资料工业和资本资料工业的规模大体相当,霍夫曼比例是 1(±0.5);在第四阶段,资本资料工业的规模超过了消费资料工业的规模。斯大林认为,社会主义可以超越前两个阶段直接进入重工业阶段。②

格申克龙(Gerschenkron,1970)提出了"相对落后理论"。他认为,重工业优先发展战略可以使相对落后国家获得工业的迅速增长。这些国家及其政府意识到经济相对落后,非常期望加快工业化进程。但是工业化进程最重要的障碍是国家的贫困,大多数劳动力从事农业,用原始工具创造的农业收入过低,总需求不足以支持快速的工业增长,低人均收入使得人们购买低收入弹性的物品,没有可以加快工业化的重工业。国家应该用自己的需求来代替私人需求,国家来购买重工业物品。此外,国家可以通过其他方式来支持重工业,比如税收等。这样,就可以避免漫长的等待工业结构的自发演化。他认为发展中国家由于经济上的落后,私人对重工业的需求较少,如果单靠私人投资,重工业投资会较少,工业结构的演化会很慢;只有通过增加国家对重工业的需求,从而促进对重工业的投资,才能使工业结构较快演变,工业迅速增长。

20 世纪五六十年代中国对生产资料优先增长规律持有肯定意见。具体来说,主要从优先增长的条件、消费资料的制约作用和优先增长的界限等角度进行探讨。

---

① 谭崇台. 发展经济学概论[M]. 武汉:武汉大学出版社,2001:176.
② 吴敬琏. 中国增长模式抉择[M]. 上海:上海远东出版社,2006:33.

　　许多学者(杨坚白,1959;旦谷,1961;杨坚白,1962)探讨了为什么要优先发展重工业。理由主要有以下几类。第一,优先发展重工业,保证生产资料生产的优先增长,使第一部类比第二部类增长得更快,这是全部社会生产不断增长的必要条件。第二,虽然优先发展重工业暂时压低消费,但是由于提高整个社会的生产效率,从长远来看是有利的。毛泽东有一段论述是极为深刻和给人启迪的:"所谓仁政有两种:一种是为人民的当前利益,另一种是为人民的长远利益,例如抗美援朝、建设重工业。前一种是小仁政,后一种是大仁政。两者必须兼顾,不兼顾是错误的。那么重点放在什么地方呢? 重点应当放在大仁政上。现在,我们施仁政的重点应当放在建设重工业上。要建设,就要资金。所以,人民的生活虽然要改善,但一时又不能改善很多。就是说,人民生活不可不改善,不可多改善;不可不照顾,不可多照顾。照顾小仁政,妨碍大仁政,这是施仁政的偏向。"[①]第三,要以现代技术改造国民经济,以机器劳动代替手工劳动,提高劳动生产率,必须优先发展重工业。第四,轻工业相当部分的原料和设备来自重工业,因此,优先发展重工业也是在技术不断进步的情况下轻工业扩大再生产的前提条件。

　　刘国光(1962)具体分析了技术进步条件下劳动生产率、劳动者的技术装备程度和物质消耗等因素,并结合各种不同的情况讨论了优先增长的条件。宋则行(1962)分析了基金有机构成、生产性积累率、剩余产品率和固定生产基金周转等因素来讨论优先增长的条件。除了重视重工业在经济发展中的作用以外,许多学者(杨坚白,1959;俞明仁,1960)也谈到了轻工业对于重工业发展的作用。第一,轻工业是重工业品的重要市场,重工业生产的目的归根结底是要给轻工业、农业以及其他部门提供生产资料,所以轻工业的发展也能够刺激重工业的发展。第二,轻工业同重工业比较起来,具有投资少、建设时间短、周转快和利润较高的特点,因而在原料允许的条件下,相应地发展轻工业,不仅可以满足人民生活需要,而且可以为重工业积累资金,从而加速重工业的发展。第三,轻工业中有一部分产品可以直接作为重工业生产中的材

---

　　① 毛泽东.抗美援朝的伟大胜利和今后的任务[M]//毛泽东.毛泽东选集:第五卷.北京:人民出版社,1977:105.

料和辅助材料,如各种工业技术用纸、各种工业用陶瓷和搪瓷、人造丝浆、精馏酒精、高级甘油、原盐、玻璃和布匹等等,对支援重工业生产能起到重大作用。第四,轻工业生产的工业消费品,也供作重工业部门职工的生活需要。

杨坚白(1962)讨论了重工业优先增长的界限问题。他认为要确定重工业优先增长的界限,首先要考虑重工业本身给重工业产量增长所规定的界限;其次,还必须考察农业、轻工业和其他部门对重工业需求的适应程度,以及它们对重工业产品的需求程度,这是从重工业外部为它的优先增长所规定的界限;最后,重工业优先增长的界限,特别是重工业生产规模的扩大,还要取决于全社会的劳动资源和物质资源的规模,特别是积累的规模和使用方向。他认为,重工业的优先增长如果超过了它应有的界限,也是不利于社会再生产的。如果重工业发展超过了它应有的界限,就必将削弱农业和轻工业的发展,使消费资料的生产不能适应重工业发展的需要,形成农业、轻工业和重工业比例关系的不相适应。重工业投资规模过大,不只是对消费资料提出庞大的需求,而且它所需要的生产资料是更为庞大的。所以,重工业得不到应有的优先增长固然应该坚决反对,而重工业过度的优先增长也是应该坚决反对的。

二、否定意见

改革开放以来,计划经济时期实行的重工业优先发展战略几乎被彻底否定(贺菊煌,1979;林丕,1979;鲁济典,1979;孟连,1979;欧阳胜,1979;朱家桢,1979;鲁从明,1980;马镔,1980;王梦奎,1983;林毅夫、蔡昉和李周,1994;乌杰,1995)。一方面,许多文章开始质疑"生产资料生产优先增长"的客观规律性从而否定重工业优先发展战略的理论基石;另一方面,许多文章认为重工业优先发展战略造成轻重工业比例严重失调、人民生活水平长期得不到提高以及必然导致计划经济体制等后果来否定重工业优先发展战略。

在 20 世纪 80 年代初,许多学者对生产资料优先增长是扩大再生产的客观规律持否定态度。

贺菊煌(1979)认为在资本有机构成不断提高的条件下,生产资料优先增长只是一种长期趋势,不是短期内必然发生的事情。那种不考虑时期长短,以为"只要资本有机构成提高,生产资料必然优先增长"的看法,是不正确的。

鲁济典(1979)认为生产资料生产优先增长理论"具有很大的片面性","也不可靠"。因为这个结论"是建筑在这样一些假设的数字和根据这些数字所进行的推算上的","这些假设和推算,如假设两大部类的积累率不同,假设两大部类追加的不变资本都将在一年内被消耗掉,假设不考虑活劳动在扩大再生产中极重要的作用以及对资本有机构成的计算方法等,都是不科学或不够科学的","整个说来,这个结论是人为地夸大了第一部类产品的增长量,缩小了第二部类产品的增长量"。

朱家桢(1979)认为生产资料生产优先增长不是社会主义经济规律,而是资本主义所特有的经济规律;因为资本家扩大再生产是为了追逐利润,"从而对生产资料的迫切需求,驱使资本家把更多的积累投向第一部类生产。同时,先进技术的成果也主要应用于第一部类,而对于消费资料的生产,则只有在保证取得利润这一任务的限度内才是资本主义所需要的"。正是资本主义经济的这种特性决定了生产资料生产优先增长。而社会主义是计划经济,社会生产各部门能够取得协调、均衡的高速度的发展,不像资本主义经济那样,使第一部类的发展脱离第二部类,甚至以牺牲第二部类来取得发展自己的优势。"这就表明,社会主义的客观经济条件使生产资料生产优先增长规律失去作用"。

鲁从明(1980)认为"把扩大再生产下生产资料的优先增长,作为马克思关于社会再生产的一个普遍适用的原理,是没有根据的"。"在技术不断进步的社会扩大再生产中,两大部类增长速度较快和较慢是不断交替的过程,而不始终是生产资料生产增长最快",因为"两大部类增长速度的快慢,并不完全受资本有机构成变化的制约,而且资本有机构成的提高也不是连续一贯和始终如一的"。

也有学者认为生产资料生产优先增长是客观规律,问题在于现实中片面地理解列宁的生产资料生产优先增长的原理(马镔,1980)。由于过去过度强调生产资料生产优先增长规律,长期以来形成了"以钢为纲"和"为生产而生产"的思想,造成两大部类发展不平衡以及消费资料发展相当缓慢等问题。一些主要消费品(吃的和穿的)的增长基本上只能维持人口增长的基本需要。

梁文森(1979)指出,"我国的平均工资有所下降,考虑到某些消费品价格上升和质量下降等因素,职工的实际工资下降更多;我国农民 1977 年平均每人每年收入只有 60～70 元,还有四分之一的生产队社员收入在 40 元以下。"[1]毛泽东同志在 1956 年就曾提出要以农轻重为序,但是现实中由于种种原因并没有得以实现。比起第一个五年计划来,国民经济中两大部类发展不平衡的情况不仅没有改善,相反还有某些发展。

1979 年 11 月《经济研究》刊登了于光远的《谈谈"社会主义经济目标理论"问题》,展开了关于社会主义经济目标的讨论。

欧阳胜(1979)认为生产资料只是为生产更多消费品而制造的一种生产手段,所以生产资料生产的扩大,最终要受到消费资料生产扩大需要的制约。林丕(1979)认为二十多年来我国一再发生农业、轻工业和重工业比例严重失调的问题,延续时间很长,积习很深,原因就在于对消费品生产在社会主义国民经济中的地位和作用并不清楚,存在着许多贬低和忽视消费品生产的糊涂的和错误的观点。要扩大再生产,一般来说必须使生产资料的生产增长得更快些,但绝不能脱离消费资料生产的增长去孤立地进行。孟连(1979)认为不能片面地把"生产资料优先增长"作为安排国民经济计划的出发点,因为生产资料优先增长的前提条件是技术进步和资本有机构成的提高,而现实中技术进步比较缓慢。惠元英(1979)认为应该加快轻工业的发展,生产更多物美价廉的生活消费品,这是社会主义生产目的所要求的。她认为轻工业调不上去的根本原因在于指导思想没有端正过来,社会主义生产目的没有贯彻到实际工作中去。梁文森(1979)认为生产发展速度高而人民生活水平发展缓慢的原因在于没有以满足人民的生活需要作为生产的目的。而杨圣明(1979)谈到消费的"生产"作用,他认为消费是劳动力的再生产过程,可以生产出生产者的素质,通过满足人民的需要创造生产的动力,产品在消费中才得到最后完成。吕律平(1980)认为加快发展轻工业可以积累资金。社会主义生产的目的最主要的就是不断满足广大人民群众日益增长的物质和文化生活的需要,轻工业是直接满足人民群众日益增长的生活需要的一个重要部门。

---

① 梁文森.速度、比例、最终产品[J].经济研究,1979(12):38.

　　林毅夫、蔡昉和李周(1994)认为实行重工业优先发展战略必然导致三位一体的计划经济体制。由于重工业与当时经济的资源禀赋不协调,靠市场机制是无法实现重工业优先发展战略的。解决这一矛盾的办法就是做出适当的安排,人为地压低重工业发展的成本,降低重工业资本形成的门槛。于是,一套以全面扭曲产品和要素价格为内容的宏观政策就形成了;进一步,如何保证被压低了价格的要素和产品的流通以及经济中剩余的积累有利于重工业的优先发展呢？应运而生的制度安排就是对经济资源实行集中的计划配置和管理,并剥夺微观主体的经营自主权。这就形成了三位一体的传统计划经济体制。

　　吴敬琏(2006)认为,"霍夫曼定理"只是关于早期增长阶段产业结构变化的经验定理,现在的产业结构并不一定按照这个定理变化。我们认为,即使这个经验定理现在仍然成立,但它并没有分析通过重工业优先发展战略人为提高重工业比例会对经济产生什么影响？进而,如果其影响为正,那么背后的机制是什么？在格申克龙提出的重工业优先发展战略的依据中有两个隐含的假设:第一,重工业投资越多,越有利于工业发展;第二,私人对重工业的投资低于社会最优水平。格申克龙提供了一个很好的切入点,但他并没有说明这两个假设背后的机制。而20世纪80年代初的讨论尖锐地提出了生产资料优先增长是不是社会再生产的客观规律的问题,并且讨论了由于现实中过度强调重工业优先发展战略造成轻重工业比例严重失调以及人民生活水平长期得不到提高的状况。所以我们将面临两个问题:第一,为什么要实行重工业优先发展战略？第二,如果我们要评价重工业优先发展战略对中国经济的影响,那么我们如何剔除现实中由重工业优先发展战略操作方面导致的后果的影响？

第二节　五十年代经典发展思想及其最新发展

　　第一代发展经济学家(大致为1950—1975年)认为,发展中国家的政府可以通过罗森斯坦·罗丹提出的"大推进",或者通过赫希曼提出的根据产业间的前向和后向联系产生的"不平衡增长",打破纳克斯的"贫困的恶性循环",从而实现经济的结构转换。他们系统地提出一些发展战略以及政府在规划和计划中的作用。然而第一代发展经济学家的模型和政策倡议受到了批评,特别是进口替代战略在各国实施的效果并不佳。

但是正如奥利韦拉(Olivera,1992)所认为的,"结构主义的主要弱点可能在于它所开出的政策药方上"。斯特里顿(Streeton,1984)则指出,结构主义者犯了过于简单化的毛病,"他们在观察并分析了许多市场失灵的情况后就匆匆得出结论说,中央政府必须代替市场……不认为国家应当把市场作为计划化的有力工具以及把价格作为政策的有力工具来结合起来"。

20世纪80年代末以来,西方发展经济学界重新审视了早期结构主义的理论文献,发现其中有不少"已经被忘记但却很有价值的观点",这些观点"令人吃惊地激发出许多解释"(Krugman,1995)。我们把这些反思文献中可以用来解释重工业与经济发展的关系的论述分为三个方面。

一、"贫困陷阱"理论

经济是否会自动发展? 新古典主义者认为发展中国家的实际发展过程是一个渐进的、和谐的和乐观的过程,而第一代发展经济学家认为经济发展是一个非渐进的和非连续的过程。我们看到有很多理论说明经济可能会陷入贫困陷阱,比如说纳克斯(1953)提出的贫困恶性循环、纳尔逊(1956)提出的低水平均衡陷阱以及米达尔(1957)提出的循环积累因果关系。

纳克斯(1953)认为有两种贫困恶性循环,一是反映供给方面的循环,一是反映需求方面的循环。从供给方面看,资本形成有一个恶性循环。发展中国家经济不发达,人均收入水平低下,人们绝大部分的收入用于生活消费,很少用于储蓄,从而导致储蓄水平低;低储蓄水平引起资本稀缺,从而使资本形成不足;资本形成不足使生产规模难以扩大,生产率难以提高;低生产率又引起低产出,低产出又造成低收入。这样,周而复始,形成了一个"低收入—低储蓄能力—低资本形成—低生产率—低产出—低收入"的恶性循环。从需求方面看,资本形成也有一个恶性循环。发展中国家经济落后,人均收入水平低下,低收入意味着低消费和低购买力;低购买力造成投资引诱不够;投资引诱不够导致资本形成不足;资本形成不足又使得生产规模难以扩大,生产率难以提高；低生产率又带来低产出和低收入水平。这样，周而复始，形成了一个"低收入—低购买力—低投资引诱—低资本形成—低生产率—低产出—低收入"的恶性循环。

纳尔逊(1956)认为人口增长率对于人均国民收入水平很敏感。如果生活贫困，死亡率会很高，这会抑制人口增长。一旦人均收入的增长率快于人口的增长率，人民生活将有所改善，这会降低死亡率并且提高出生率，人口增长速度会加快。由于人口增长率快速上升，人均收入又会回到原来的水平。这样就会出现低水平均衡陷阱。要从这个陷阱跳出来，必须做出最低限度的努力，或所谓的"临界的最低努力"，即需要大规模的投资来切断贫困恶性循环，大规模的投资会使得国民收入的增长速度快于人口的增长速度，从而提高人均收入的力量超过降低人均收入的力量。由于边际收益递减，在技术和自然资源不变的条件下，资本和劳动的边际生产率会逐渐下降，直至国民收入增长率与人口增长率相等。此时会出现新的均衡，但此时不是低水平的均衡，而是高水平的均衡，并且该均衡是稳定的均衡。

米达尔(1957)认为，在动态的社会经济发展过程中，各种因素是相互联系、相互影响和互为因果的，并且会呈现出"循环积累"的变化态势。发展中国家人均收入水平很低，生活水平低下，营养不良，卫生健康状况恶化，教育文化落后，因此劳动力素质不高。劳动力素质不高又会导致劳动生产率低下，劳动生产率低下又会引起产出增长停滞甚至下降。最后，低产出又造成低收入，低收入又进一步使贫困恶化。于是，发展中国家总是陷入低水平和贫困的累积性循环困境之中不能自拔。

贫困陷阱理论非常吸引人，文献中有许多模型通过各种方式来描述贫困陷阱的发生机制。松山(2007)把贫困陷阱的发生机制分为以下几类：第一种是干中学外部性。对幼稚产业保护是一个非常典型的例子。由于幼稚产业的企业没有经验，生产率较低，他们不能提供高工资吸引其他部门的工人来工作，这些企业不能积累经验，不能通过干中学提高生产率，生产率仍会较低。具体可以参考斯托克(Stokey，1988)、布勒齐等(Brezis, Krugman & Tsiddon, 1993)和松山(2002)关于这方面的论述。第二种是市场大小和劳动分工。亚当·斯密(Adam Smith)认为"劳动分工受到市场规模的限制"。杨(Young, 1928)认为市场规模也会受到劳动分工的限制，也就是说,通过提高专业化程度可以获得经济增长,罗默(Romer,1987)把该思想模型化。西科恩和松山(1996)在此基础上研究了经济是如何陷入贫困陷阱的。落后技术不需要采用专业化设备,先进技术需要高度专业化的装备和服务,由于发展中国家专业化设备很少,下游产业更多的是采用落后技术。这反过来又会导致上游产业的专业化设备市场规模小。经济会陷入小的市场规模和劳动分工低下的恶性循环中。第三种是把惯性模型化。在存在战略互补的静态博弈中,不发达通常不是帕累托占优均衡。墨菲、施莱费尔和维什尼(Murphy, Shleifer & Vishny, 1989)就是众所周知的例子。通过加入某种惯性,而这会限制行为人转换战略的能力,我们可以把战略互补的静态博弈转换为贫困陷阱的动态模型,其中初始条件和经验在决定经济的长期行为时会发挥作用。这可以看松山(1991)以及松井和松山(Matsui & Matsuyama,1995)的文章。第四种是低财富会导致低投资。伯南克和格特勒(Bernanke & Gertler,1989)认为,如果外部融资成本比内部融资成本高,借款人财富下降会导致更高的投资扭曲,这会导致投资下降,反过来又会导致新一代企业家财富下降。松山(2004)认为相同的机制会使某些国家陷入低财富—低投资的恶性循环。松山(2005)证明了什么情况下陷阱会更具有波动性。班纳吉和纽曼(Banerjee & Newman,1993)认为,初始财富分配越不平等,越多的富人不需要借款就可以进行投资,总投资越高,总产出越高,从而可以帮助穷人逃离贫困陷阱。第五种是搜寻外部性。戴蒙德(Diamond,1982)认为寻找合伙人非常困难,这会使得很多人不想进入某个行业,而这又使得其他人更难找到合伙人。第六种是人力资本外部性。德拉赞(Drazen,1990)认为,如果人力资本有门槛外部性,那么经济可能会陷入贫困陷阱。第七种是金融发展。如果一个国家分散风险的工具很少,那么企业家就不太会进行生产率高但是有风险的投资。这反过来又导致可以降低风险的金融资产不多。这方面可以看圣保罗(Saint-Paul,1992)和阿西莫格鲁和齐利伯特(Acemoglu & Zilibotti,1997)的文章。第八种是人口陷阱。贝克尔、墨菲和塔穆拉(Becker,Murphy & Tamura,1990)讨论了经济是怎么陷入高出生率——低人力资本的恶性循环的。巴苏(Basu,1999)以及德普克和齐利伯特(2005)讨论了童工陷阱。松山(2006)讨论了老年人劳动就业率较高的代际持续性产生的贫困陷阱。第九种是会传染的社会规范。蒂罗尔(Tirole,1996)证明贪污或者其他不道德行为是如何传染和持续的。由于信息不完美，某个团队的某个成员的声誉不仅取决于他自己过去的行为而且还取决于他所在的团队其他人的过去的行为。所以，如果该团队的声誉是不诚实的，那么该成员就很难建立诚实的声誉。这会导致他也不诚实，从而使该团队的声誉更差。

本书认为重工业同样存在使经济陷于贫困陷阱的机制。如果一个国家重工业不发达，轻工业没有专业化设备从而得不到发展，那么经济就会采用比较落后的技术，进而对重工业的需求少；重工业的市场规模小，由于重工业投资需要比较大的固定成本，重工业的私人投资较少，从而重工业越加不发达，经济越落后，经济陷入恶性循环。反之，如果一个国家重工业非常发达，经济就会采用先进的技术，进而对重工业的需求大，重工业的市场规模大，重工业的私人投资有利可图，从而重工业越发达，经济就会进入良性循环。我们看到，许多非洲国家一直出口初级产品，他们的产业并没有得到升级，工业基础仍尚未建立，经济仍然非常落后。发展中国家的实际发展过程并不是一个渐进的、和谐的和乐观的过程，而是一个非渐进的和非连续的过程。

二、"大推进"理论

发展中国家存在各种各样的机制可能陷入贫困陷阱，那么采取什么方式才能摆脱这种不利的状况呢？罗森斯坦·罗丹在1943年发表的《东欧和东南欧工业化的问题》中提出了著名的"大推进"理论。他认为发展中国家要迅速改变自己的经济面貌，必须进行全面的、大规模的投资。由于发展中国家的特征是人口相对或绝对过多，农业劳动力过剩，收入低下，投资规模过小。小量的投资是不可能实现工业化从而使发展中国家走出困境的。它需要在某一相对短的时期内使经济增长达到足够大的规模，"颇有点像发动一架飞机从场地起飞。在飞机飞向空中之前，有一个临界地面速度，必须超过这个速度，飞机才能飞向空中"（罗森斯坦·罗丹，1966）。他认为要在各个工业部门全面地进行投资，使各个工业部门都成长起来，才能产生相互依存的市场，实现工业的大发展。他举了一个制鞋厂的例子，不仅要投资制鞋厂来扩大鞋子的生产规模，而且要同时投资于服装厂、纺织厂、食品厂和钢铁厂等工业部门，工业全面发展起来，互相创造需求，提供市场，最终使整个工业得到增长。

墨菲、施莱费尔和维什尼(1989)用数学形式化方法重新对罗森斯坦·罗丹的"大推进"加以严密表述。墨菲等人认为经济可能存在多重均衡,一个均衡是没有企业工业化,一个均衡是所有企业都工业化。由于任何一个企业单独工业化无利可图,所以经济可能会出现所有企业都没有工业化的状态,经济陷入贫困陷阱。但是通过"大推进"所有企业同时工业化,所有企业都有利可图,经济走向高水平均衡。那么为什么原本单独工业化无利可图的企业同时工业化后就有利可图了呢?墨菲等人举了三个例子。第一个例子是虽然企业工业化利润为负,但是它提高了工人的工资,从而提高了其他部门的需求,其他部门工业化就会变得有利可图。第二个例子考虑了工业化的跨期效应。虽然投资的净现值是负的,但是投资具有放弃现有收入来换取未来收入的特点,而未来收入增加可以提高其他部门的需求,从而使得其他部门工业化变得有利可图。第三个例子是关于所有企业工业化都需要的基础设施。由于基础设施的成本大部分都是固定的,多一个企业工业化有利于分摊该固定成本,从而使得基础设施更有可能建立。如果只有一个企业工业化,那么他将无力负担高额的固定成本。但是如果许多企业都工业化成为基础设施的使用者,那么基础设施就有可能建立,而这可以有利于降低所有工业化企业的成本,许多企业工业化就有利可图。墨菲等人认为多重均衡源于大的固定成本下不完美竞争产生的现金外部性(pecuniary externalities)①。西托夫斯基(Scitovsky, 1954)明确区分了技术外部性和现金外部性,他提出在竞争均衡中可以不考虑现金外部性的观点。但是由于墨菲等人考虑的是不完美竞争情形,市场结构是垄断竞争,所以单个厂商水平上的规模经济会通过现金外部性转化为总量水平上的收益递增。一方面存在外部经济,通过上述三种渠道一个企业工业化可以提高其他企业工业化的盈利性,而该企业无法把这种收益内部化。另一方面经济存在规模经济,由于工业化企业需要固定成本,所以工业化企业能

---

①　现金外部性与罗默(1986)和卢卡斯(1988)分析的技术外部性不同。罗默和卢卡斯也注意到了收益递增,但是在他们模型中收益递增对于企业来说是外部的。早期在发展经济学文献中尝试分析现金外部性的工作包括杨(1928)、卡尔多(Kaldor, 1966)、罗默(1986)和施莱费尔(1986)。在宏观经济学方面尝试分析现金外部性的工作包括哈特(Hart, 1982)、韦茨曼(Weitzman, 1982)和清泷一也(Kiyotaki, 1988)。

否获利就可能取决于其他工业化企业的数量。

　　"大推进"理论为政府有利于经济达到工业化均衡提供了理论依据。但是我们看到罗森斯坦·罗丹强调计划化的重要性，墨菲等人没有具体讨论政府应该采用什么样的措施来进行大推进。如何在"政府失效"和"市场失效"两者间权衡对于现实操作来说是一个更为重要的问题。

三、"联系效应"理论

　　正如弗莱明(Flemming,1954)提出的，"大推进"理论更多的是考虑"水平"外部经济，即工业化企业生产的每一种产品都扩大了所有其他产品的市场，而没有考虑中间品市场中存在规模经济时产生的"垂直"外部性。赫希曼(1958)在《经济发展战略》提出了著名的"联系效应"理论。

　　赫希曼批评了当时占主要地位的哈罗德-多马(Harrod-Domar)增长模型。该模型认为经济增长仅取决于资本产出比率和可获取的资本量。传统观点认为，自然资源、生产要素和企业家的数量是一定的，所需的仅是将它们在各种经济活动间进行有效分配，以取得最佳效果。而赫希曼认为对投资决策的评价不仅要依据决策对产出的直接贡献，而且还要依据决策可能推动的进一步投资的多少，即决策的联系。他认为人们应考虑到以联系为基础的动态过程，以补充静态效率标准的不足。[①] 所谓"联系效应"是指在国民经济中各个产业部门之间存在某种关系，这种关系决定了各产业部门之间互相联系、互相影响和互相依存。"前向联系"(forward linkage)是指一个产业同吸收它的产出(购买其产品)的部门之间的联系，如钢铁工业的前向联系是机械制造和汽车等工业。"后向联系"(backward linkage)是指一个产业同向它提供投入的部门之间的联系，如钢铁工业的后向联系是采矿业等。赫希曼认为，不论是前向联系还是后向联系，凡是有联系效应的产业都能通过这个产业的扩张产生引致投资。引致投资不仅能促进前向和后向联系部门的发展，它反过来还可以推动该产业的进

---

　　① 约翰·伊特韦尔，默里·米尔盖特，皮特·纽曼，等. 新帕尔格雷夫经济学大辞典[M]. 陈岱孙等，译. 北京：经济科学出版社，1996：224.

一步扩张,从而使整个产业部门都得到发展,实现经济增长。根据赫希曼的观察,发展中国家经济部门之间的联系效应很微弱,但是发展中国家的制造业还是具有较大联系效应的。赫希曼认为进口替代工业本身具有较大的前向和后向联系,所以应当优先发展进口替代工业。

自从赫希曼 1958 年《经济发展战略》问世以来,出现了大量的经验文献,比如拉尔(Lall,1978)。但是这类文献没有刻画联系效应的正式概念以及提出联系效应为什么重要的正式理论,通常采用里昂惕夫(Leotief)的投入—产出表的矩阵来构造每个部门的前向效应和后向效应指数。而赫希曼认为,在工业化伊始的国家中,当时的投入—产出分析表可能显示不出对某一生产线的投资可以引致创立新的工业部门。然而,一旦发展中国家有了相当广泛的工业基础,对某工业部门的投资导致的主要是其他部门的扩张而不是创立时,用以投入—产出表为基础的统计方法测度联系效应才会更有意义。罗德里格斯(Rodriguez,1996)把联系效应模型化。首先他设定三个假设:一、通过使用更多的专业设备可以提高生产效率。二、对于许多要素来说,供给者和使用者必须离得比较近。三、市场规模限制现有的专业设备的种类。他通过假设最终品生产偏爱中间品的种类来捕捉这三个假定。假设企业需要在本地购买专业设备,而专业设备的生产规模报酬递增。此时,通过增加专业设备的需求,最终品企业有助于增加专业设备的种类,从而对其他最终品的生产有正的外部性。这就是后向联系效应。反过来,越多的专业设备在本地生产也会使得更密集使用专业设备的最终品的成本下降。这就是前向联系效应。

但是罗德里格斯中只有专业设备的种类在不断扩展,而最终品只有两种,一种是更加密集的使用专业设备的产品,一种是相对较少使用专业设备的产品。而赫希曼提到前向联系投资可以使现有生产者扩大产品市场并且使产品多样化。联系的动态过程使得人们可以根据投入—产出矩阵将工业化过程具体化。起初,矩阵的绝大多数是空的,通过前向和后向联系,矩阵才逐渐填满。赫希曼还提到消费联系,他把消费联系效应定义为因将新增收入用于购买消费品从而造成对消费品生产的刺激。他认为如果只考虑后向和前向联系,那么就有可能有侧重重工业的倾向。而如果赋予消费联系应有的作用，这种倾向就会消失。①

　　我们认为重工业具有两个特点。其一，它的投资大，因此具有显著的规模经济；其二，它的产品应用广泛，为轻工业提供中间投入品，它的产品多样化有利于提高其他行业的效率，因此具有显著的垂直外部性。由于重工业固定投资巨大，只有市场规模达到一定程度时私人投资才有利可图。如果经济比较落后，市场规模较小，工业基础尚未建立，经济有可能陷入"贫困陷阱"。政府可以采用对重工业的投资进行补贴的方式进行"大推进"。由于重工业投资的增加，根据联系效应，中间品种类越多，根据生产越迂回效率越高的原理，作为重工业下游产业的轻工业部门的生产效率将会提高，从而生产新的消费品将有利可图；根据现金外部性，轻工业部门将会采用更多的中间品，其他重工业企业的需求增加，重工业企业的利润增加，从而生产新的中间品将有利可图，经济将迈向高水平均衡。但是轻工业同样具有外部性，由于消费者偏好多样性，轻工业的投资带来更多种类的消费品有利于满足人们的多种需要，并且可以提高生活水平。这往往是很多学者和政策决策者所忽略的，也是改革开放以后许多学者强调的"社会主义生产目标问题"，考虑到这一点可以避免过度侧重重工业倾向，从而可以提出合适的政策建议。

---

① 约翰·伊特韦尔，默里·米尔盖特，皮特·纽曼，等. 新帕尔格雷夫经济学大辞典[M]. 陈岱孙等，译. 北京：经济科学出版社，1996：224.

第三章　贫困陷阱与重工业优先发展

经济能否自动发展？新古典主义者认为发展中国家的发展过程是一个渐进的、和谐的和乐观的过程,而第一代发展经济学家认为经济发展是一个非渐进的和非连续的过程。联合国千年项目(2005)发现,在长达54年的时间中(1950—2004年),48个低收入国家人均实际国内生产总值的年增长率只有0.619%。许多国家深陷贫困陷阱,工业化似乎遥遥无期,进展缓慢。贫困陷阱是怎样产生的？更重要的问题是我们如何才能逃离贫困陷阱？本章试图探讨这些问题。

本章内容由以下四节构成。第一节给出包括农业部门(传统部门)、轻工业部门(现代部门)和重工业部门(中间品部门)三部门的研究框架;第二节讨论贫困陷阱产生的机制;第三节讨论通过对重工业进行补贴有可能逃离贫困陷阱;第四节进行总结。

第一节　三部门模型——研究框架

这节将建立包括农业部门(传统部门)、轻工业部门(现代部门)和重工业部门(中间品部门)的研究框架。类似于西科恩和松山(1996),经济中包括传统部门和现代部门,传统部门采用传统技术生产消费品,生产效率低下;现代部门采用现代技术生产消费品,它需要采用重工业部门生产的专业化设备,生产效率高。同时建立重工业企业需要固定投资,如果市场规模小,那么工业化将无利可图;如果市场规模大,那么投资于重工业企业才有利可图,这是产生贫困陷阱的重要假设。类似于墨菲、施莱费尔和维什尼(1989),本章将考虑工业化过程,假设消费品有很多种,采用现代技术生产的消费品的种类越多,工业化进程越高。同样,建立轻工业企业需要固定资本。这样我们可以很清楚地看到重工业因为具有很强的联系效应所以对经济发展具有特殊的意义。

假设封闭型经济中人口数始终为 L。任一时刻每个人无弹性地提供一单位的劳动力。经济中存在三个部门：农业部门（传统部门）、轻工业部门（现代部门）和重工业部门（中间品部门）。经济中存在两类商品：消费品和中间品。消费品种类是 $[0,1]$ 的连续统，用 i 来表示；中间品种类是 $[0,m_t]$ 的连续统，用 j 来表示，m_t 代表 t 时刻存在的中间品种类，m_t 随时间变化。

假设代表性消费者的效用函数为：

$$U = \int_0^\infty e^{-\rho} \int_0^1 \ln c_{ti} di dt \tag{3.1}$$

其中 c_{ti} 表示 t 时刻第 i 种消费品代表性消费者的消费量；ρ 是贴现率，代表消费的跨期替代弹性，越早消费带来的效用越高。

消费品由传统部门和现代部门生产。传统部门采用传统技术生产消费品，规模报酬不变，一单位的劳动力生产一单位的消费品。

$$Y_{ti} = L_{ti} \tag{3.2}$$

其中 Y_{ti} 表示农业部门生产的第 i 种消费品的产量，L_{ti} 表示农业部门生产的第 i 种消费品所需要的劳动力数量。

农户数目众多，所以农业部门可以视为完全竞争；而一旦某种消费品由某个轻工业企业生产，那么农业就不生产这种消费品，并且可以生产该消费品的企业只有一个，所以轻工业部门垄断竞争。我们用 n_t 来代表由轻工业部门生产的消费品的比例，n_t 也可以用来表示工业化进程。

轻工业部门采用现代技术生产消费品，具有规模经济。它需要先投入 F_1 单位的资本品作为固定投资，然后使用重工业部门生产的中间品生产消费品，一个单位的综合中间品生产一单位的消费品。

$$Y_{ti} = X_{ti} \tag{3.3}$$

其中 Y_{ti} 表示轻工业部门生产的第 i 种消费品的产量，X_{ti} 表示轻工业部门生产的第 i

种消费品所需要的综合中间品的数量。

轻工业部门的企业可以自由进入,任何一个时刻潜在投资者决定是否要进入轻工业部门。只有未来利润贴现和能够覆盖固定成本,潜在投资者才会选择进入轻工业部门。潜在投资者停止进入轻工业部门的条件是:

$$V_{ti} = \int_t^\infty e^{-(R_\tau - R_t)} \pi_{\tau i}\, d\tau = F_1 \tag{3.4}$$

其中 V_{ti} 表示 t 时刻消费品企业的价值,它是未来所有利润的贴现和,$\pi_{\tau i}$ 表示 τ 时刻消费品企业的利润,$R_t = \int_0^1 r_\tau\, d\tau$,即在 0 期投资 1 单位产品在 t 期产生 e^R 单位的产品,r_t 为第 t 期市场利率。

重工业部门生产中间品,它可以作为任一个轻工业企业的投入品,所以,随着工业化比例 n_t 的增加,会有更多的消费品需要使用中间品来生产。这表明重工业应用广泛,具有很强的关联效应。每种中间品只有一个厂商能够生产,重工业部门垄断竞争。重工业企业具有规模经济,需要先投入 F_2 单位的资本品作为固定投资,然后每投入一单位的劳动力能够生产超过一单位的中间品。

$$x_{tj} = kL_{tj} \quad k>1 \tag{3.5}$$

其中 x_{tj} 代表 t 时刻第 j 种中间品的产量,L_{tj} 代表 t 时刻生产第 j 种中间品所需劳动力的数量。所有采用现代方式生产的消费品都需要重工业生产的中间品,比如冶金、石油、煤炭、电力、化学、材料学和机械工业等部门提供的原材料、燃料、动力和机械设备等。

重工业部门的企业可以自由进入。只有未来利润贴现和能够覆盖巨额的固定资产投资,潜在投资者才会选择进入重工业部门,因此潜在投资者停止进入重工业部门的条件是:

$$V_{tj} = \int_t^\infty e^{-(R_\tau - R_t)} \pi_{\tau j}\, d\tau = F_2 \tag{3.6}$$

其中 V_{tj} 表示 t 时刻中间品企业 j 的价值,$\pi_{\tau j}$ 表示 τ 时刻中间品企业 j 的利润。

综合中间品由现有的一系列中间品构成:

$$X_t = \left[\int_0^{m_t} x_{tj}^{(\beta-1)/\beta} \mathrm{d}j \right]^{\beta/(\beta-1)} \quad \beta > 1 \tag{3.7}$$

其中 X_t 代表 t 时刻综合中间品的产量，x_{tj} 代表 t 时刻生产的第 j 种中间品数量。β 为任意两种中间品的替代弹性，每种中间品都是其他中间品的不完美替代品。$\beta > 1$ 意味着没有一种中间品是必需的，并且不管其他中间品是否存在，每种中间品都有用。

该函数采用埃塞尔（Ethier，1982）的常替代弹性函数，它表示生产方式越迂回，生产效率越高。假设中间品的对称性，使用的中间品的数量 $M_t = m_t x_{tj}$ 不变，如果中间品种类 m_t 增加，那么综合中间品的数量 $X_t' = m_t^{1/(\beta-1)} M_t$ 会增加。

第二节　重工业与贫困陷阱

这节将在包括农业部门（传统部门）、轻工业部门（现代部门）和重工业部门的框架下利用动态一般均衡方法分析贫困陷阱是怎样产生的。本节首先分析代表性消费者、农业部门、轻工业部门和重工业部门各主体的行为以及市场均衡条件，然后分析此研究框架下的动态系统，接下来分析重工业会如何导致经济陷入贫困陷阱，最后是对构建的模型进行评价。

一、代表性消费者

假设代表性消费者存活期为无限期，在消费品价格 p_{ti}、工资 w_t 和利率 r_t 作为外生给定的情况下根据预算约束通过选择任何一个时刻每种消费品的消费量 c_{ti} 来最大化其一生效用：

$$\mathrm{Max}_{c_{ti}} \int_0^\infty \mathrm{e}^{-\rho t} \int_0^1 \ln c_{ti} \, d i d t$$

$$\mathrm{s.\,t.} \int_0^\infty \mathrm{e}^{-R_t} \int_0^1 p_{ti} c_{ti} \, d i d t \leqslant b_t / L + \int_0^\infty \mathrm{e}^{-R_t} w_t \mathrm{d}t$$

其中 w_t 为工资，b_t 为社会拥有的所有财富，本模型财富来自拥有各种消费品企业和中间品企业的所有权，代表性消费者拥有人均财富 (b_t / L)。

根据拉格朗日方法我们可以得到：

$$c_{ti} = c_{tj} \quad \forall \, i \neq j \tag{3.8}$$

$$\dot{c}_{ti}/c_{ti} = \dot{R}_t - \rho - \dot{p}_{ti}/p_{ti} = r_t - \rho - \dot{p}_{ti}/p_{ti} \tag{3.9}$$

根据等式(3.8)，每种消费品的消费数量都一样。根据等式(3.9)，市场利率越高，消费者越会压低当前消费，未来消费会越高，所以人均消费增长率会越高；消费品价格增长率越高，那么，由于未来该种消费品价格会越高，消费者越会增加当前对该消费品的消费，未来对该消费品的消费会越少，所以该消费品的消费增长率会越低。

二、农业部门和轻工业部门

由于农业部门完全竞争，所以农户把其所生产的消费品定价为工资，我们把工资标准化为1，即 $w_t = 1$。由于效用函数采用对数形式的设定，每种消费品的支出都等于总支出。由于消费品的需求弹性为1，轻工业企业把价格定得越高越好；同时由于存在农业部门的竞争，轻工业企业定的价格不能超过农户定的价格1。所以农户和轻工业企业都会把消费品的价格定为1，即 $p_{ti} = 1$。

如果综合中间品的价格 p_{tX} 高于1，那么没有人会建立轻工业企业，中间品的需求为0，经济会一直处于传统社会。所有的劳动力都留在农业部门生产消费品，生产的消费品都会在当期消费完，周而复始。

如果综合中间品的价格 p_{tX} 低于1，并且未来所有时刻利润的贴现和可以弥补固定投资，那么就会有人建立轻工业企业。所以工业化的第一个必要条件是：

$$1 > p_{tX} \tag{3.10}$$

轻工业企业的利润 π_{ti} 为：

$$\pi_{ti} = (1 - p_{tX}) Y_{ti} \tag{3.11}$$

从等式(3.11)我们可以看到，由于存在现金外部性，即使消费品的需求不变，如果综合中间品的价格 p_{tX} 下降，那么生产消费品的轻工业企业的利润 π_{ti} 就会增加。

三、重工业部门

由于重工业部门垄断竞争，所以中间品企业对于自己产品的定价具有一定的垄断力，但是对于整体经济的影响可以忽略。由于常替代弹性函数的设定，每种中间品的价格需求弹性均为 β。生产一单位的中间品需要 $1/k$ 单位的劳动力，工资已经标准化为 1，中间品的边际成本为常数 $1/k$。重工业部门的每一家企业都追求利润最大化，我们可以得到中间品厂商对中间品的定价 p_{tj}、对劳动力的需求 L_{tj} 以及利润 π_{tj} 为：

$$p_{tj} = \beta/(\beta-1) \times 1/k \qquad (3.12)$$

$$L_{tj} = 1/k \times x_{tj} \qquad (3.13)$$

$$\pi_{tj} = 1/\beta \times p_{tj}x_{tj} \qquad (3.14)$$

根据等式(3.12)，由于每种中间品的边际成本和需求弹性都相等，所以所有的中间品价格都相等。根据等式(3.13)和(3.14)，每个中间品厂商所需要的劳动力和利润都相等，所以每种中间品都是对称的。

在工资 w_t、中间品价格 p_{tj} 和中间品种类 m_t 作为外生的情况下以最低成本的方式把一系列中间品组合成综合中间品。

$$\min_{x_{tj}} \int_0^{m_t} p_{tj}x_{tj}\,\mathrm{d}j$$

$$\text{s. t. } X_t = \left[\int_0^{m_t} x_{tj}^{(\beta-1)/\beta}\,\mathrm{d}j\right]^{\beta/(\beta-1)}$$

我们可以得到综合中间品的价格 p_{tX} 和综合中间品的数量 X_t：

$$p_{tX} = \left[\int_0^{m_t} p_{tj}^{1-\beta}\,\mathrm{d}j\right]^{1/(1-\beta)} = \beta/(\beta-1) \times 1/k \times m_t^{1/(1-\beta)} \qquad (3.15)$$

$$X_t = m_t^{\beta/(\beta-1)} x_{tj} \qquad (3.16)$$

根据等式(3.15)我们可以看到，随着中间品种类 m_t 的增加，综合中间品的价格 p_{tX} 会下降。这主要是由于随着中间品种类的增加，工业体系更趋于完整，企业间的劳动分工提高生产效率，综合中间品部门的生产效率提高。所以，即使每种中间品价格不变，综合中间品的价格也会下降。

根据等式(3.16)，如果综合中间品的需求 X_t 不变，综合中间品的市场不扩大，那么,随着中间品种类 m_t 的增加,第 j 种中间品的需求 x_{tj} 会下降。根据等式(3.12)和(3.14),第 j 种中间品厂商的利润 π_{tj} 由此也会下降。但是,由于重工业部门生产效率的提高,整个重工业部门的利润 $m_t\pi_{tj}$ 会增加。

根据不等式(3.10)和(3.15),在目前的假设下工业化的第一个必要条件是:

$$m_t > m^{n=0} = [k \times (\beta-1)/\beta]^{1-\beta} \tag{3.17}$$

四、均衡条件

分散经济中每个人都把自己不能控制的变量当作是外生给定的:消费者把工资、利率和消费品种类当作给定的;消费品厂商把工资和综合中间品的价格当作给定的;中间品厂商把工资当作给定的。任一时刻,消费者最大化效用,厂商最大化利润。当所有市场需求等于供给时,经济达到均衡。

任一时刻,国民生产总值一部分用来消费,一部分用来投资:

$$\int_0^1 p_{ti}Y_{ti}\mathrm{d}i = \int_0^1 p_{ti}c_{ti}L\mathrm{d}i + I_t$$

其中国民生产总值为所有消费品的产值,右边第一项为总消费,I_t 代表 t 时刻用于投资的部分。由于每种消费品对称,并且消费品的价格 p_{ti} 标准化为1,所以上式可以简化为:

$$Y_t = Y_{ti} = c_{ti}L + I_t \tag{3.18}$$

工业化的消费品厂商对综合中间品的需求之和等于综合中间品的供给时,综合中间品市场出清。

$$X_t = n_t X_{ti} \tag{3.19}$$

当某种消费品的产量 X_{ti} 增加时,综合中间品的需求 X_t 会增加。当工业化比例 n_t 增加时,综合中间品的需求 X_t 也会增加。

资本市场的出清条件为:

$$I_t = \dot{n}_t F_1 + \dot{m}_t F_2 \tag{3.20}$$

其中左边为资本品的供给,右边为资本品的需求,右边第一项为 t 时刻轻工业部门的投资,所有新增消费品企业所需的固定投资,第二项为 t 时刻重工业部门的投资,所有新增中间产品企业所需的固定投资。t 时刻整个社会的资本存量为 $K_t = \int_0^t I_\tau \mathrm{d}\tau$,其中轻工业部门的资本存量为 $\int_0^t \dot{n}_\tau F_1 \mathrm{d}\tau = n_t F_1$,重工业部门的资本存量为 $\int_0^t \dot{m}_\tau F_2 \mathrm{d}\tau = m_t F_2$ 。

资本市场出清条件除了需要满足等式(3.20)以外还须满足等式(3.4)和(3.6),即潜在投资者都停止进入轻工业部门和重工业部门。对等式(3.4)求导,经过化简,我们可以得到 $(\pi_{ti} + \dot{V}_{ti})/V_{ti} = \dot{R}_t$ 。企业的当期回报率不仅包括当期利润率,还包括此时出售该企业的收益率。

把等式(3.4)代入上式,我们可以得到:

$$r_t = \dot{R}_t = \pi_{ti}/F_1 \tag{3.21}$$

同理,根据等式(3.6)我们可以得到:

$$r_t = \dot{R}_t = \pi_{tj}/F_2 \tag{3.22}$$

根据等式(3.3)、(3.11)、(3.12)、(3.15)、(3.16)、(3.19)、(3.21)和(3.22),我们可以得到:

$$n_t = \beta \times [k \times (\beta-1)/\beta \times m_t^{1/(\beta-1)} - 1] \times m_t F_2/F_1 \tag{3.23}$$

$$K_t = \{1 + \beta \times [k \times (\beta-1)/\beta \times m_t^{1/(\beta-1)} - 1]\} m_t F_2 \tag{3.24}$$

根据等式(3.23),我们可以看到随着中间品种类 m_t 的增加,工业化的比例 n_t 也会增加。由于中间品种类增加,重工业部门的生产效率会增加,综合中间品的价格会下降,采用现代技术的消费品厂商会更加有利可图,会有更多的消费品采用现代技术生产,因此工业化比例会增加。当中间品种类 m_t 少于 $m^{n=0}$ 和资本存量 K_t 少于 $K^{n=0}$ 时①,所有的消费品都采用传统技术生产。当中间品种类 m_t 超过 $m^{n=1}$ 和资本存量

---

① $m^{n=0}$ 为使得等式(3.23)中 n 为 0 的中间品种类数量, $m^{n=0} = [k \times (\beta-1)/\beta]^{1-\beta}$, $K^{n=0}$ 为等式(3.24)中间品种类为 $m^{n=0}$ 时的资本存量。

K_t 超过 $K^{n=1}$ 时[1],所有的消费品都采用现代技术生产。

我们再来看看劳动力市场,劳动力需求来自农业部门和现代部门。

$$L=(1-n_t)L_{ti}+m_tL_{vj}$$

根据(3.2)、(3.3)、(3.5)、(3.16)和(3.19),经过整理我们可以得到:

$$Y_t=Y_{ti}=1/\{1-[1-1/k\times m_t^{1/(1-\beta)}]\times n_t\}\times L \tag{3.25}$$

$$r_t=[1-1/k\times\beta/(\beta-1)\times m_t^{1/(1-\beta)}]\times Y_t/F_1 \tag{3.26}$$

从等式(3.25)我们可以看到,随着中间品种类 m_t 的增加,产量 Y_t 增加,人均产量也增加。随着中间品种类 m_t 的增加,首先,中间品部门的生产效率会提高,综合中间品的价格会下降,消费品厂商的成本会下降,利润会增加,这是现金外部性效应;其次,消费品厂商利润增加会带来更多的投资者投资消费品企业,更多的消费品会采用现代技术生产,工业化比例会增加,整个社会的生产效率会提高,这是劳动力转移产生的效应;最后,工业化比例增加会增加中间品的需求,中间品厂商的规模效应会得到进一步发挥,中间品厂商的利润会增加。

五、动态系统

我们可以把经济分为三个阶段。

第一阶段是工业化尚未开始($n_t=0,m_t<m^{n=0},K_t<K^{n=0}$)。由于综合中间品的价格高于1,没有人会建立轻工业企业,所有消费品都采用传统方式生产,人均产出和人均消费均为1,整个社会投资为0。

$$\dot{c}_{ti}/c_{ti}=0 \tag{3.27}$$

$$\dot{n}_tF_1+\dot{m}_tF_2=Y_t-c_{ti}L_t=0 \tag{3.28}$$

第二阶段是工业化已经开始并且尚未结束($0<n_t<1,m^{n=0}<m_t<m^{n=1},K^{n=0}<K_t<K^{n=1}$)。此时,部分消费品采用现代方式生产,轻工业企业有利可图,重工业企

---

[1]　$m^{n=1}$ 为使得等式(3.23)中 n 为1的中间品种类数量,$K^{n=1}$ 为等式(3.24)中间品种类为 $m^{n=1}$ 时的资本存量。

业也有利可图,整个社会的生产效率提高,产量增加,投资者会投资轻工业企业和重工业企业,直到所有的消费品都采用现代方式生产。根据等式(3.23)、(3.24)、(3.25)和(3.26),我们可以得到此时经济的动态方程:

$$\dot{c}_{ti}/c_{ti} = \dot{R}_t - \rho = r_t - \rho$$

$$= [1 - 1/k \times \beta/(\beta-1) \times m_t^{1/(1-\beta)}] \times Y_t/F_1 - \rho \tag{3.29}$$

$$\dot{m}_t = 1/\{1 + \beta \times [km_t^{1/(\beta-1)} - 1]\} \times (Y_t - c_{ti}L)/F_2 \tag{3.30}$$

其中 $Y_t = Y_{ti} = 1/\{1 - [1 - 1/k \times m_t^{1/(1-\beta)}] \times n_t\} \times L$, $n_t = \beta \times [k \times (\beta-1)/\beta \times m_t^{1/(\beta-1)} - 1] \times m_t F_2/F_1$。

从等式(3.29)我们可以看到,随着中间品种类 m_t 增加,利率 r_t 也会增加。当 $m_t = m^{n=0}$ 时,利率为 0,此时没有人会进行投资。当 $m_t = m^{n=1}$ 时,$r^{n=1} = 1/(\beta-1) \times L/(m^{n=1}F_2)$,此时利率达到最大。由于人口数 L 相对于 F_2 来说相当大,所以假设 $r^{n=1} > \rho$ 是合理的。当 $m^{n=0} < m_t < m^{n=1}$,存在一个唯一的 m^{*2} 使动态系统(3.29)和(3.30)处于均衡状态。

第三个阶段是工业化已经结束 ($n_t = 1$, $m_t > m^{n=1}$, $K_t > K^{n=1}$)。此时所有消费品都采用现代方式生产,投资只发生在重工业部门。

当 $n_t = 1$ 时,等式(3.25)变为:

$$Y_{ti} = km_t^{1/(\beta-1)}L \tag{3.31}$$

根据等式(3.12)、(3.14)、(3.16)、(3.19)、(3.22)和(3.31)我们可以得到:

$$\pi_{tj} = 1/(\beta-1) \times L/m_t \tag{3.32}$$

$$r_t = 1/(\beta-1) \times L/(m_t F_2) \tag{3.33}$$

从等式(3.31)我们可以看到,工业化结束后,随着中间品种类 m_t 增加,综合中间品部门的生产效率会提高,所以产量 Y_{ti} 仍在增加。但是由于工业化进程已经结束,产量提高的幅度比工业化进程时小。从等式(3.32)和(3.33)我们可以看到,此时收入溢出效应很小,而中间品份额减小的力量占优势,因此中间品厂商的利润 π_{tj} 下降,回报率 r_t 下降。

此时经济的动态方程为：

$$\dot{c}_{ti}/c_{ti}=r_t-\rho=1/(\beta-1)\times L/(m_tF_2)-\rho \tag{3.34}$$

$$\dot{m}_t=(Y_t-C_t)/F_2=[km_t^{1/(\beta-1)}L-c_{ti}L]/F_2 \tag{3.35}$$

从等式(3.34)我们看到,随着中间品种类 m_t 增加,利率 r_t 会下降。因此,当工业化进程结束时,$r^{n=1}=1/(\beta-1)\times L/(m^{n=1}F_2)$,利率达到最大。由于 L 相对于 F_2 来说相当大,假设 $r^{n=1}>\rho$ 是合理的。当 $m_t\to\infty$,利率趋于零。所以,当 $m_t>m^{n=1}$ 时,存在一个唯一的 m^{*3} 使动态系统(3.34)和(3.35)处于均衡状态。

根据等式(3.27)、(3.28)、(3.29)、(3.30)、(3.34)和(3.35)的动态方程我们可以画出相应的相位图,即图3.1。此时,经济会出现多重均衡。

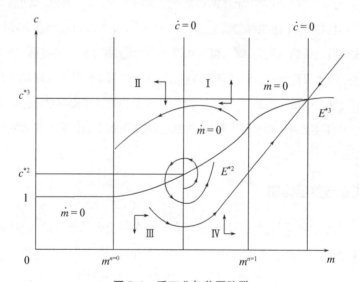

图3.1　重工业与贫困陷阱

当一国初始资本存量过低 $(K_0<K^{n=0})$ 时,重工业生产的中间品种类会很少 $(m_0<m^{n=0})$,所有消费品都采用传统方式生产,所有收入都用来消费,$c_{ti}=1$,重工业生产的中间品种类不变,$\dot{m}_t=0$,经济增长速度为0,经济陷入贫困陷阱。$m_0<m^{n=0}$ 领域内 $c_{ti}=1$ 上每一点都是均衡点,并且该均衡点是稳定的。

当一国初始资本存量很高 $(K_0>K^{n=1})$ 时,重工业生产的中间品种类会很多

$(m_0 > m^{n=1})$，所有消费品都采用现代方式生产，此时工业化进程结束，所有投资都用于重工业部门，经济沿着鞍点路径收敛于高水平均衡点 E^{*3}。工业化结束后，劳动力从传统部门向现代部门转移带来的生产效率提高的效应消失。随着中间品种类的增加，一方面提高了中间品部门的生产效率，从而产量增加，中间品厂商利润增加；另一方面，每种中间品的市场份额减少，中间品厂商利润下降。从等式(3.32)我们可以看出，工业化结束后，中间品种类增加带来的两种效应的综合作用降低了中间品厂商的利润。从等式(3.33)我们可以看出，随着中间品种类的增加，整个社会的回报率越来越低，投资建立新厂的激励也越来越小，直到高水平均衡点 E^{*3}，中间品的种类不再增加，人均消费也不再增加。

当一国初始资本存量介于上述两种情况之间($K^{n=0} < K_0 < K^{n=1}$)时，重工业生产的中间品种类也介于上述两种情况之间($m^{n=0} < m_0 < m^{n=1}$)，根据动态方程(3.29)和(3.30)，我们可以得到均衡点 E^{*2}，但该均衡点不稳定，螺旋形向外发散(证明详见附录)。此时经济有可能会陷入贫困陷阱，比如图3.1的第Ⅰ和第Ⅱ象限陷入贫困陷阱的路径；有可能会收敛于高水平均衡点，比如图3.1的第Ⅲ和第Ⅳ象限迈向高水平均衡的路径；也有可能会一直在该区域波动，比如图3.1第Ⅰ、Ⅱ、Ⅲ和Ⅳ象限上螺旋向外扩散的路径。

六、重工业与贫困陷阱

重工业落后会不会导致经济陷入贫困陷阱？如果会导致经济陷入贫困陷阱，那么逻辑机制是什么样的？本部分从两个方面进行论述，第一个方面是重工业落后会不会影响工业化进程的启动，第二个方面是工业化进程启动后重工业落后会不会导致经济陷入贫困陷阱。

要启动工业化进程意味着有部分消费品采用现代方式生产。投资者愿意采用现代方式生产消费品需要满足两个条件，第一个条件是当期利润超过0，第二个条件是未来利润贴现和能覆盖固定投资。

根据等式(3.11)，轻工业企业当期利润要超过0，综合中间品价格 p_{tx} 要低于1。根据等式(3.15)，当中间品种类 m_t 超过$[k \times (\beta-1)/\beta]^{1-\beta}$时，综合中间品的价格 p_{tx}

低于 1。由此,我们可以得到命题 1。

命题 1:只有当重工业部门生产的中间品种类数量超过$[k\times(\beta-1)/\beta]^{1-\beta}$时,工业化进程才有可能启动。

工业化进程得以启动还需要第二个条件,即采用现代方式生产消费品的未来利润贴现和能覆盖固定投资 F_1。根据等式(3.11),当综合中间品价格 p_{tX} 越低,轻工业企业的利润 π_{ti} 越高。根据等式(3.15),当重工业部门生产的中间品种类 m_t 越多,综合中间品的价格 p_{tX} 越低。因此,只有当投资者预期未来有较多的中间品种类 m_t 时,轻工业企业未来的利润才会较高,未来利润贴现和才有可能覆盖固定投资。

而未来是否会有较多的中间品种类 m_t 取决于投资者是否认为基础工业企业的未来利润贴现和能覆盖巨额的固定投资 F_2。根据等式(3.14),重工业企业的利润和整个社会对中间品的需求有关,而整个社会对中间品的需求和工业化比例有关,工业化比例越高,整个社会对中间品的需求越大。只有当投资者预期未来工业化进程顺利,会有很多消费品采用现代方式生产,重工业企业未来的利润才会高,未来利润贴现和才有可能覆盖巨额的固定投资。

因此,投资者是否投资轻工业企业和是否投资重工业企业两个决策是相互关联的。正如克鲁格曼(1989)提出的观点,当存在某种外部性时,一个主体的未来回报取决于其他主体的决策,其他主体的决策又取决于其对未来收益的预期,经济会出现多重均衡,并且多重均衡的结果由预期决定,预期具有自我实现的性质。

工业化进程是否会启动取决于投资者对未来工业化进程的预期,并且预期具有自我实现的性质。当投资者对未来工业化进程持有乐观的预期时,投资者预期重工业企业的未来利润贴现和可以覆盖巨额的固定投资,投资者预期轻工业企业的未来利润贴现和可以覆盖固定投资,工业化进程得以启动。当投资者对未来工业化进程持有悲观的预期时,投资者预期重工业企业的未来利润贴现和不能覆盖巨额的固定投资,投资者预期轻工业企业的未来利润贴现和不能覆盖固定投资,工业化进程则无法启动。

工业化进程启动后重工业比较落后是否会导致贫困陷阱呢? 根据图 3.1,当工业化进程已经启动但是重工业比较落后($m^{n=0}<m_t<m^{n=1}$,$K^{n=0}<K_0<K^{n=1}$)时,经

济有可能会陷入贫困陷阱，也有可能会迈向高水平均衡。这和投资者对未来工业化进程的预期有关。

当投资者对未来工业化进程持有乐观的预期时，虽然重工业部门投资金额巨大，但是投资者仍会愿意投资重工业企业，重工业生产的中间品种类会增加。当重工业生产的中间品种类 m_t 增加时，一方面，重工业部门的生产效率会提高，整个社会的产量 $Y_t = 1/\{1 - [1 - 1/k \times m_t^{1/(1-\beta)}] \times n_t\} \times L$ 会增加；另一方面，重工业部门生产效率提高会降低轻工业企业的生产成本，并且整个社会收入增加会带来轻工业企业需求的增加，轻工业企业的利润会增加，会有更多的投资者愿意采用现代技术生产消费品，工业化进程 $n_t = \beta \times [k \times (\beta - 1)/\beta \times m_t^{1/(\beta-1)} - 1] \times m_t F_2/F_1$ 会加快，具有更高效率的现代部门占整个社会的比重会增加，整个社会生产的产量 $Y_t = 1/\{1 - [1 - 1/k \times m_t^{1/(1-\beta)}] \times n_t\} \times L$ 会增加。因此，重工业生产的中间品种类增加会使得整个社会的产量增加。随着整个社会的产量 Y_t 增加，整个社会用于投资的部分 $Y_t - c_{ti}L$ 也会增加，重工业部门生产的中间品种类增加 $\dot{m}_t = 1/\{1 + \beta \times [km_t^{1/(\beta-1)} - 1]\} \times (Y_t - c_{ti}L)/F_2$ 会更多。重工业部门生产的中间品种类 m_t 增加又进一步带来整个社会的产量 Y_t 增加，整个社会的产量 Y_t 增加又进一步带来中间品种类 m_t 增加，整个经济进入基础工业和经济增长的良性循环，经济迈向高水平均衡。[①]

相反，当投资者对未来工业化进程持有悲观的预期时，由于重工业投资金额巨大，投资者不愿意投资重工业企业，重工业企业生产的中间品种类会较少。当重工业部门生产的中间品种类较少时，一方面由于重工业部门的生产效率较低造成轻工业企业的生产成本较高以及整个社会对轻工业企业的需求较低，轻工业企业利润较低，采用现代技术生产消费品的比重较少；另一方面由于重工业部门的生产效率较低，并且具有更高效率的现代部门占整个社会的比重较低，整个社会生产的产量较低。综合上述两方面因素，整个社会对重工业企业的需求较少。当整个社会对重工业企业的需求较少时，由于难以覆盖投资重工业所需的巨额固定资产投资，中间品种类会减

---

① 该机制类似于杨（Young，1928）提出的"行业分工带来进一步的行业分工"，本文的机制是重工业的分工会带来进一步的重工业的分工。

少,这又会进一步减少对重工业企业的需求,中间品种类进一步减少,经济进入恶性循环,从而陷入贫困陷阱。由此我们可以得到命题2。

　　命题2:当一国工业化进程已经启动但重工业比较落后($m^{n=0}<m_0<m^{n=1}$, $K^{n=0}<K_0<K^{n=1}$)时,经济陷入贫困陷阱还是迈向高水平均衡和投资者对未来工业化进程的预期有关。如果投资者对未来的工业化进程持有悲观的预期,经济会进入重工业和经济增长的恶性循环,从而陷入贫困陷阱。如果投资者对未来的工业化进程持有乐观的预期,经济会进入重工业和经济增长的良性循环,从而迈向高水平均衡。

七、对本书构建的模型的评析

　　本书构建的模型与常见的多重均衡模型(Kraay & Raddatz,2007)不同。常见的多重均衡只有两个均衡,一个是低水平均衡,一个是高水平均衡。这类模型认为当初始的人均资本存量较小时,经济只能收敛于低水平均衡,从而陷入贫困陷阱;当初始的人均资本存量超过门槛值时,经济才能收敛于高水平均衡。经济陷入贫困陷阱还是迈向高水平均衡仅仅和初始的人均资本存量有关。

　　而本书构建的模型有三个均衡,除了低水平均衡和高水平均衡以外,还有一个不稳定的均衡。根据图3.1的相位图,本书认为经济会呈现多样化形态,当重工业非常落后时,经济会陷入贫困陷阱;当重工业种类繁多时,经济会迈向高水平均衡;当重工业比较落后时,经济可能会陷入贫困陷阱,可能会迈向高水平均衡,也可能一直停留在该阶段。这和世界各国的经验事实是符合的。根据图3.2,当初期人均GDP非常低时,除了博兹瓦纳(钻石国)和中国以外,所有国家都陷入贫困陷阱,经过半个多世纪的发展依然属于低收入国家;根据图3.3,当初期人均GDP非常高时,所有国家半个多世纪以后依然属于高收入国家;根据图3.4,当初期人均GDP介于这两者之间时,半个多世纪以后有的陷入贫困陷阱成为低收入国家,有的成为高收入国家,大部分国家依然属于中等收入国家。

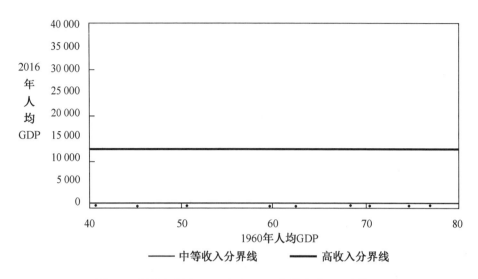

图 3.2   低收入国家 1960 年和 2016 年的人均 GDP（美元）

注释：作者根据世界银行的数据进行整理（剔除了缺失 1960 年或 2016 年人均 GDP 数据的国家）。按照 2016 年世界银行的划分标准，收入少于等于 1 045 美元属于低收入国家，收入在 1 046 美元至 12 745 美元属于中等收入国家，收入多于或等于 12 746 美元属于高收入国家。因此中等收入分界线为人均 GDP 1 046 美元，高收入分界线为人均 GDP 12 746 美元。

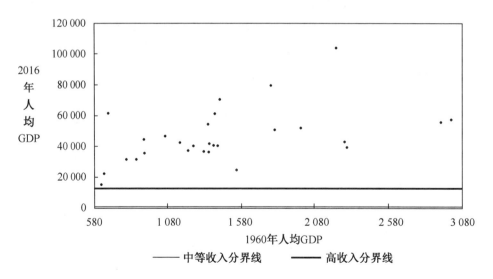

图 3.3   高收入国家 1960 年和 2016 年的人均 GDP（美元）

注释：资料来源同图 3.2。

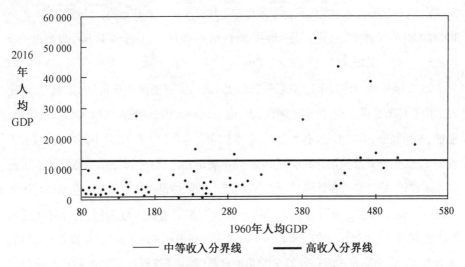

图 3.4　中等收入国家 1960 年和 2016 年的人均 GDP（美元）

注释：资料来源同图 3.2。

第三节　贫困陷阱与重工业优先发展

　　20 世纪二三十年代苏联开始实行重工业优先发展战略，经济飞速发展，国力大大增强，工业化进程大大加快。新中国成立以后，我国开始实行重工业优先发展战略，在战后非常薄弱的工业基础上建立了比较完整的工业体系，为改革开放后的经济飞速发展奠定了基础。但是我们看到有很多国家工业化仍然遥遥无期，进展缓慢。苏联和中国的发展经验对于其他国家的工业化进程是否有借鉴作用？这节我们来看看重工业优先发展是否有助于逃离贫困陷阱？

一、中国实行的重工业优先发展战略

　　1952 年中国提出实行重工业优先发展战略，其中一个重要的原因是苏联迅速工业化的经历让中国领导人对未来的工业化进程充满了信心。1954 年 3 月《人民日报》的一篇社论强调："苏联过去所走的道路，正是我们今天要学习的榜样"（叶杨兵，

2002)。近代欧美资本主义国家的工业化都是从发展轻工业开始的,大致用了50年到100年的时间才实现工业化。而苏联在20世纪20年代后期开始采取优先发展重工业的战略,只用十来年就实现了国家工业化①。

1952年8月,周恩来同志在《三年来中国国内主要情况的报告》中指出"五年建设的中心环节是重工业,特别是钢铁、煤、电力、石油、机器制造、飞机、坦克、拖拉机、船舶、车辆制造、军事工业、有色金属、基本化学工业"。同年12月中共中央在《关于编制1953年计划及长期计划纲要的指示》中明确指出"首先保证重工业和国防工业的基本建设,特别是确保那些对国家起决定作用的,能迅速增强国家工业基础与国防力量的主要工程的完成"(叶扬兵,2002)。以156项重点工程为例,实际施工的为150项,除了44项属于国防工业以外,有52项提供燃料和动力(其中煤炭业有25项,电力有25项,石油有2项),有27项提供原材料(其中钢铁行业有7项,有色行业有13项,化工行业有7项),有24项提供机械设备,只有1项是轻工行业,2项是医药行业。

通过实行重工业优先发展战略,重工业总产值占工业总产值的比重大大增加。从图3.5中我们可以看出,该比重从实行"一五"计划前(1952年)的35.5%上升到"一五"计划完成后(1957年)的45%,随着赶英超美战略的提出,该比重最高上升到

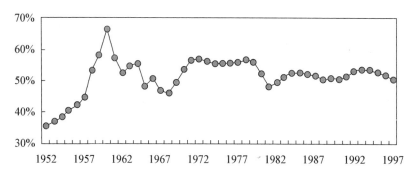

图3.5　中国重工业总产值占工业总产值的比重(1952—1997年)
注释:数据来源为2004年《中国工业经济统计年鉴》。

---

① 以机器制造业为例,1913年机器制造工业占工业产量的比重为6.8%,当时连最简单的机器也不得不从国外输入。"一五"期间建立了汽车、拖拉机、飞机、机床、农业机器、冶金机器、化工机器和矿山机器等部门,到"二五"期末已经能为任何一个国民经济部门制造最复杂的机器了。1932年机器制造业产量是1913年的7倍以上。(维亚特金和丁浩金,1958)

66.6%,经过五年的调整(1965年)下降到48.4%,"文化大革命"运动中逐渐上升到56.9%。而没有实行重工业优先发展战略时期(1978年后)该比重长期稳定在52%左右。

通过实行重工业优先发展战略,中国创立了一些新的工业部门。新中国成立初期,我国一贫如洗、百废待兴,毛泽东同志感叹道:"现在我们能造什么? 能造桌子椅子,能造茶碗茶壶,能种粮食,还能磨成面粉,还能造纸,但是,一辆汽车、一架飞机、一辆坦克、一辆拖拉机都不能造。"(中共中央宣传部,2021)但是经过"一五"计划短短的五年时间,中国创立的新兴工业部门包括汽车、飞机、大型电机设备制造业,重型和精密机器制造业,冶金和矿山设备制造业,黑色及有色金属冶炼业,高级合金钢、无缝钢管和铝加工业,化学工业等。(赵德馨,2003)

二、模型假设

无论是通过计划经济体制集中全国的人财物,还是在市场经济体制下通过关税保护、配额以及低贷款利率等方式进行巨额补贴,实行重工业优先发展战略的目的都是将更多的投资用于重工业。由于本书侧重于解释重工业优先发展战略和脱离贫困陷阱的机制,因此进行简化处理。我们将在第一节的研究框架下额外增加一个假设,假设政府在市场经济体制下通过征收一次性税收对新建的重工业企业进行补贴的方式实行重工业优先发展战略,补贴率为δ,政府实行平衡预算。由于缺乏足够的信息,假设政府对重工业实行的补贴率δ不随时间变化。

$$T_t = G_t = \dot{m}_t \delta F_2 \tag{3.5'}$$

其中T_t表示t时刻征收的一次性税收,G_t表示t时刻的财政支出,财政支出全部用于补贴新建的重工业企业,$\dot{m}_t$表示新增的重工业企业数目,δF_2表示对新增的每一家重工业企业的补贴。

由于政府对新建的重工业企业进行补贴,此时潜在投资者停止进入重工业部门的条件由等式(3.6)变为:

$$V_{tj} = \int_t^\infty e^{-(R_\tau - R_t)} \pi_{\tau j} d\tau = (1-\delta)F_2 \tag{3.6'}$$

三、消费者和厂商行为

假设代表性消费者存活期限为无限期,代表性消费者在消费品价格 p_{ti}^{δ}①、工资 w_t^{δ}、税收 T_t 和利率 r_t^{δ} 作为外生情况下根据预算约束通过选择任一时刻每种消费品的消费量 c_{ti}^{δ} 来最大化其一生效用:

$$\mathrm{Max}_{c_{ti}^{\delta}} \int_0^{\infty} \mathrm{e}^{-\rho t} \int_0^1 \ln c_{ti} didt$$

$$\mathrm{s.\,t.} \int_0^{\infty} \mathrm{e}^{-R_t^{\delta}} \int_0^1 p_{ti}^{\delta} c_{ti}^{\delta} didt \leqslant b_t^{\delta}/L + \int_0^{\infty} \mathrm{e}^{-R_t^{\delta}} (w_t^{\delta} - T_t/L) \mathrm{d}t$$

其中 w_t^{δ} 为工资,b_t^{δ} 为社会所有的财富,T_t 为政府部门征收的税收。

根据拉格朗日方法我们可以得到:

$$c_{ti}^{\delta} = c_{tj}^{\delta} \qquad \forall i \neq j \tag{3.8'}$$

$$\dot{c}_{ti}^{\delta}/c_{ti}^{\delta} = \dot{R}_t^{\delta} - \rho - \dot{p}_{ti}^{\delta}/p_{ti}^{\delta} = r_t^{\delta} - \rho - \dot{p}_{ti}^{\delta}/p_{ti}^{\delta} \tag{3.9'}$$

由于对重工业进行补贴不会改变欧拉方程,所以上述等式与重工业没有优先发展下的类似。

厂商在生产函数和各种价格外生情况下最大化利润,农业部门、轻工业部门和重工业部门各厂商行为与重工业没有优先发展下的类似。我们仍把工资标准化为 1,消费品价格标准化为 1,即 $w_t^{\delta} = p_{ti}^{\delta} = 1$。

四、均衡条件

任一时刻,国民生产总值一部分用来消费,一部分用来私人投资,一部分用来政府购买:

$$\int_0^1 p_{ti}^{\delta} Y_{ti}^{\delta} \mathrm{d}i = \int_0^1 p_{ti}^{\delta} c_{ti}^{\delta} L \mathrm{d}i + I_t^{\prime\delta} + G_t$$

其中 $I_t^{\prime\delta} = \dot{n}_t F_1 + \dot{m}_t (1-\delta) F_2$ 表示 t 时刻私人对轻工业企业和重工业企业投资之和。

---

① x^{δ} 代表重工业优先发展且补贴率为 δ 下变量 x 的情况。

同样,由于每种消费品对称以及消费品价格标准化为 1,所以上式可以简化为:

$$Y_t^\delta = Y_{ti}^\delta = c_{ti}^\delta L + I_t^{p\delta} + G_t \tag{3.18'}$$

资本市场的出清条件为:

$$I_t^\delta = I_t^{p\delta} + G_t = \dot{n}_t F_1 + \dot{m}_t (1-\delta) F_2 + G_t \tag{3.20'}$$

资本市场出清条件同时还须满足等式(3.4)和(3.6'),即潜在投资者停止进入轻工业部门和重工业部门的条件。类似的,我们可以得到:

$$n_t^\delta = \beta \times [k \times (\beta-1)/\beta \times m_t^{\delta 1/(\beta-1)} - 1] \times m_t^\delta (1-\delta) F_2/F_1 \tag{3.23'}$$

$$K_t^\delta = \{1 + \beta(1-\delta) \times [k \times (\beta-1)/\beta \times m_t^{\delta 1/(\beta-1)} - 1]\} m_t^\delta F_2 \tag{3.24'}$$

比较等式(3.23)和等式(3.23')我们可以看到,如果中间品种类数量相同,对重工业进行补贴会降低工业化比例。因为在中间品种类数量相同时,对重工业进行补贴会降低私人投资重工业企业所需的固定资本,相对于没有对重工业进行补贴的情形,私人对重工业企业的投资会更多,私人对轻工业企业的投资会更少,因此工业化比例会下降。比较等式(3.24)和(3.24')我们可以看到,如果资本存量相同,对重工业进行补贴会提高重工业部门资本存量占总资本存量的比重,中间品种类数量会增加。因为中间品种类数量相同时,对重工业进行补贴会降低工业化比例,因此轻工业部门资本存量占总资本存量的比重会下降。并且,对重工业的补贴率越高,重工业部门资本存量占总资本存量的比重会越高,中间品种类数量增加得越多。

此时,工业化的第一个必要条件仍为综合中间品的价格 p_{tX}^δ 低于 1。根据等式(3.15),$p_{tX} = \beta/(\beta-1) \times 1/k \times m_t^{1/(1-\beta)}$,因此工业化第一个必要条件不变,仍为等式(3.17),$m_t^\delta > m^{\delta^{n=0}} = m^{n=0} = [k \times (\beta-1)/\beta]^{1-\beta}$。根据等式(3.24'),满足工业化第一个必要条件所需要的资本存量 K_t^δ 要超过 $K^{\delta n=0} = \{1 + \beta(1-\delta) \times [k \times (\beta-1)/\beta \times m^{n=0 \ 1/(\beta-1)} - 1]\} \times m^{n=0} F_2$。由于对重工业进行补贴,相同资本存量下会有更多的中间品种类,因此只需要更少的资本存量就可以满足等式(3.17),$K^{\delta n=0} < K^{n=0}$。当中间品种类 m_t^δ 少于 $m^{\delta^{n=0}}$ 并且资本存量 K_t^δ 少于 $K^{\delta^{n=0}}$ 时,所有的消费品采用传统技术生产。

　　当中间品种类 m_t^δ 超过 $m^{\delta^{n-1}}$ 并且资本存量 K_t^δ 超过 $K^{\delta^{n-1}}$ 时,所有的消费品都采用现代技术生产。根据等式(3.23)和(3.23'),对重工业进行补贴时,如果中间品种类数量相同,工业化比例会更低,因此,当工业化完成时($n=1$),对重工业补贴下中间品种类数量会更多,$m^{\delta^{n-1}} > m^{n-1}$。根据等式(3.24)和(3.24'),对重工业进行补贴时,在相同资本存量下轻工业部门的资本存量比例会更低,因此,当工业化完成时($n=1$),对重工业进行补贴下资本存量会更大,$K^{\delta^{n-1}} > K^{n=1}$。

　　类似的,我们可以得到:

$$Y_t^\delta = Y_{ti}^\delta = 1/\{1 - [1 - 1/k \times m_t^{\delta 1/(\beta-1)}] \times n_t^\delta\} \times L \tag{3.25'}$$

$$r_t^\delta = [1 - 1/k \times \beta/(\beta-1) \times m_t^{\delta 1/(\beta-1)}] \times Y_t^\delta/F_1 \tag{3.26'}$$

　　从等式(3.25')我们可以看到,对重工业进行补贴时,如果中间品种类数量相同,轻工业部门的投资会减少,工业化过程会减慢,产量会降低。[①] 从等式(3.26')我们可以看到,对重工业进行补贴时,如果中间品种类数量相同,综合中间品的价格不变,但是产量会下降,轻工业企业的需求会减少,轻工业企业的利润会下降,因此当期利率会下降。

五、动态系统

　　我们可以把经济分为三个阶段。

　　第一阶段是工业化尚未开始($n_t^\delta = 0, m_t^\delta < m^{n=0}, K_t^\delta < K^{\delta^{n=0}}$)。由于综合中间品的价格高于1,没有人会建立轻工业企业,经济处于传统社会。人均产出和人均消费均为1,没有投资。动态系统与没有对重工业进行补贴时一样。

$$\dot{c}_{ti}/c_{ti} = 0 \tag{3.27}$$

$$\dot{n}_t F_1 + \dot{m}_t F_2 = Y_t - c_{ti} L_t = 0 \tag{3.28}$$

────────────

　　① 这边比较的是中间品种类相同时对重工业进行补贴和对重工业不进行补贴产量的不同,而不是比较相同资本存量时两种情况下产量的不同。相同资本存量时对重工业进行补贴会增加中间品种类,而中间品种类增加会增加产量。由于该模型的复杂性,用中间品种类进行比较会更方便。

第二阶段是工业化已经开始但是尚未结束($0<n_t^\delta<1$,$m^{n=0}<m_t^\delta<m^{\delta^{r-1}}$,$K^{\delta^{r=0}}<K_t^\delta<K^{\delta^{r-1}}$)。此时,部分消费品采用现代方式生产,轻工业企业有利可图,重工业企业也有利可图,整个社会的生产效率提高,产量增加,投资者会投资轻工业企业和重工业企业,直到所有的消费品都采用现代方式生产。根据等式(3.23′)、(3.24′)、(3.25′)和(3.26′),我们可以得到此时经济的动态方程:

$$\dot{c}_{ti}^\delta/c_{ti}^\delta = \dot{R}_t^\delta - \rho = r_t^\delta - \rho$$

$$= [1-1/k \times \beta/(\beta-1) \times m_t^{\delta 1/(\beta-1)}] \times Y_t^\delta/F_1 - \rho \qquad (3.29')$$

$$\dot{m}_t^\delta = 1/\{1+\beta(1-\delta) \times [k\,m_t^{\delta 1/(\beta-1)}-1]\} \times (Y_t^\delta-c_{ti}^\delta L)/F_2 \qquad (3.30')$$

其中$Y_t^\delta=Y_{ti}^\delta=1/\{1-[1-1/k \times m_t^{\delta 1/(\beta-1)}] \times n_t^\delta\} \times L$,$n_t^\delta=\beta \times [k \times (\beta-1)/\beta \times m_t^{\delta 1/(\beta-1)}-1] \times m_t^\delta(1-\delta)F_2/F_1$。

从等式(3.29′)我们可以看到,随着中间品种类的增加,利率会增加。当$m_t^\delta=m^{n=0}$,利率为0,此时没有人会进行投资。当$m_t^\delta=m^{\delta^{r-1}}$,$r^{\delta^{r-1}}=1/(\beta-1) \times L/[(1-\delta) m^{\delta^{r-1}}F_2]$,此时,利率达到最大。由于人口数$L$相对于$F_2$来说相当大,所以假设$r^{\delta^{r-1}}>\rho$是合理的。当$m^{n=0}<m_t^\delta<m^{\delta^{r-1}}$,存在一个唯一的$m^{*\delta 2}$使动态系统(3.29′)和(3.30′)处于均衡状态。

第三个阶段是工业化已经结束($n_t^\delta=1$,$m_t^\delta>m^{\delta^{r-1}}$,$K_t^\delta>K^{\delta^{r-1}}$)。此时所有消费品都采用现代方式生产,投资只发生在重工业部门。此时不需要对新建的重工业企业进行补贴。所以第三阶段的动态方程仍为:

$$\dot{c}_{ti}/c_{ti}=r_t-\rho=1/(\beta-1) \times L/(m_t F_2)-\rho \qquad (3.34)$$

$$\dot{m}_t = (Y_t-C_t)/F_2 = [km_t^{1/(\beta-1)}L-c_{ti}L]/F_2 \qquad (3.35)$$

同样,当$m_t^\delta>m^{\delta^{r-1}}$时,存在一个唯一的$m^{*\delta 3}$使动态系统(3.34′)和(3.35′)处于均衡状态。

根据等式(3.27)、(3.28)、(3.29)、(3.30)、(3.29′)、(3.30′)、(3.34)和(3.35)的动态方程,我们可以画出平衡发展战略(不对重工业企业进行补贴)和重工业优先发展战略(对重工业企业进行补贴)的相位图——图3.6,前者用实线表示,后者用虚线表示。实行平衡发展战略和重工业优先发展战略的相位图的区别主要在于第二阶段的动态方程的不同。比较等式(3.29)和(3.29′)，当对重工业进行补贴时，如果中间品种类数量 m_i^δ 相同，工业化比例 n_i^δ 会下降，产量 Y_i^δ 会下降，回报率 r_i^δ 会下降，因此 $\dot{c}_{ti}^\delta = 0$ 会向右移。比较等式(3.30)和(3.30′)，当对重工业进行补贴时，如果中间品种类数量 m_i^δ 相同，工业化比例 n_i^δ 会下降，产量 Y_i^δ 会下降，所以 $\dot{m}_{ti}^\delta = 0$ 会向下移。

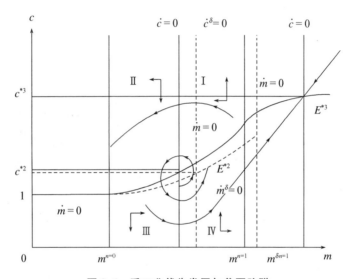

图 3.6　重工业优先发展与贫困陷阱

我们可以看到重工业优先发展战略对于经济的正面影响和负面影响。如果资本存量特别低($K_0 < K^{\delta^{-0}}$)，那么，即使对重工业进行一定的补贴，由于综合中间品价格太高，没有消费品会采用现代技术来生产，对重工业生产的中间品没有需求，厂商也不会对重工业进行投资。如果资本存量较低($K^{\delta^{-0}} < K_0 < K^{n=0}$)，那么，如果此时对重工业进行补贴，原本没有消费品采用现代技术生产，现在有可能部分消费品会采用现代技术生产，对重工业生产的中间品就会有需求，此时厂商有可能会对重工业进行投资，经济有可能会实现良性循环，从而逃离贫困陷阱。但是如果资本存量较高($K^{n=1} < K_0 < K^{\delta^{-1}}$)，由于对重工业进行补贴，一定资本存量下用于轻工业的投资偏少，原本已经可以完成工业化的经济现在尚未完成工业化进程，此时经济仍有可能会陷入恶性循环，陷入贫困陷阱。

六、重工业优先发展战略与脱离贫困陷阱

中国实行重工业优先发展战略是否有助于脱离贫困陷阱,我们依然从两方面进行论述。一方面,中国实行重工业优先发展战略是否有助于工业化进程的启动;另一方面,工业化进程启动后,中国实行重工业优先发展战略是否有助于脱离贫困陷阱。

启动工业化进程的第一个条件是采用现代方式生产的成本低于采用传统方式生产的成本。要启动工业化进程最少需要的中间品种类为 $m^{\delta^{\infty}} = m^{n=0} = [1/k \times \beta/(\beta-1)]^{\beta-1}$,实行和没有实行重工业优先发展战略下需要的中间品种类不变。但是由于实行重工业优先发展战略相同资本存量下中间品种类会更多,因此要满足这个条件所需的资本存量 $K^{\delta^{\infty}} = \{1 + \beta(1-\delta) \times [k \times (\beta-1)/\beta \times m^{\delta^{\infty} 1/(\beta-1)} - 1]\} m^{\delta^{\infty}} F_2$ 会更低,这意味着原本不能启动工业化进程的经济通过实行重工业优先发展战略可以启动工业化进程。由此我们可以得到命题3。

命题3:实行重工业优先发展战略有助于脱离贫困陷阱的第一个机制:由于实行重工业优先发展战略,相同资本存量下会有更多的投资用于基础工业,因此原本不能启动工业化进程的国家可能可以启动工业化进程。

工业化进程启动后,实行重工业优先发展战略可以加快基础工业和经济增长良性循环的速度。相同资本存量下,由于实行重工业优先发展战略,重工业生产的中间品种类 m_t^{δ} 会增加得更多,整个社会生产的产量 Y_t^{δ} 会增加得更多,资本的回报率 $r_t^{\delta} = [1 - 1/k \times \beta/(\beta-1) \times m_t^{\delta 1/(\beta-1)}] \times Y_t^{\delta}/F_1$ 会提高得更多。根据等式(3.29′),由于资本回报率 r_t^{δ} 提高,消费者会选择更高的消费增长率 $c_{t1}^{\delta}/c_{tt}^{\delta}$,这意味着消费者会选择更多地压低当前的消费。根据等式(3.30′),当整个社会生产的产量增加得更多以及当前消费压得更多时,整个社会用于投资的部分 $Y_t^{\delta} - c_{tt}^{\delta}L$ 增加得也越多,加上实行重工业优先发展战略,重工业生产的中间品种类增加的幅度 m_t^{δ} 会增加得更多。这意味着,由于实行重工业优先发展战略,中间品种类会增加得更多,整个社会产量会增加得越多,整个社会产量增加得越多又会进一步带来中间品种类增加得更多,良性循环的速度会加快,因此整个经济迈向高水平均衡的速度会加快。

由此我们可以得到命题4。

命题 4：实行重工业优先发展战略有助于脱离贫困陷阱的第二个机制：工业化进程启动后，政府实行重工业优先发展战略会加快基础工业和经济增长良性循环的速度。

第四节　总结

我们看到，二战以来发展中国家的工业化进程差异很大，有的顺利实现了工业化，进入发达国家行列，例如日本和韩国；有的曾经迈入工业化轨道，但是后来却停滞不前，比如说阿根廷；有的甚至发生倒退现象，比如说苏联和中欧国家；还有的觉得工业化遥遥无期，或者进展缓慢，比如说一些非洲国家。是什么导致了如此迥异的路径？这不仅是理论上而且也是实践中亟待解决的，而思考这个问题既富有挑战又很有意义。

发展经济学试图回答这个问题，大体思路是经济中存在高水平均衡和贫困陷阱，在一定范围内的初始资本存量只能收敛于低水平均衡，只有越过这个范围才能收敛于高水平均衡。但是这些理论并不能解释有些国家起点相似（比如说人均资本相似）工业化进程却大相径庭的现象。而对于发展中国家来说，最重要的是在现有的条件下如何使经济起飞的问题。

本章构建了包括农业部门、轻工业部门和重工业部门的动态一般均衡模型，我们构建的模型可以解释国家起点相似而工业化进程却大相径庭的现象。我们构建的动态一般均衡模型存在多重均衡，多重均衡的结果不取决于起点，而是取决于预期，并且预期可以自我实现。当投资者对工业化进程非常悲观，由于重工业投资金额巨大，没有人会对重工业进行投资，工业化进程就会无法启动，经济就会陷入贫困陷阱。即使一国具有一定的工业基础，如果投资者对工业化进程非常悲观，投资者仍然不会对重工业进行投资，经济无法进入重工业投资和经济增长的良性循环，经济也会陷入贫困陷阱。而如果投资者对工业化进程非常乐观，即使刚开始一国没有任何的工业基础，投资者依然会对重工业进行投资，经济会进入重工业投资和经济增长的良性循环，经济将会脱离贫困陷阱，最终迈向高水平均衡。

由于受到苏联迅速工业化的鼓舞,新中国成立以后,我国对未来的工业化进程充满乐观,实行重工业优先发展战略。一方面,通过实行重工业优先发展战略,投资更多地向重工业倾斜,工业化进程得以启动。另一方面,通过实行重工业优先发展战略,加快重工业投资和经济增长的良性循环速度,中国最终于 1998 年脱离了贫困陷阱。

附录:E^{*2}的稳定性情况

等式(3.29)和(3.30)在 E^{*2} 处线性化:

$$(\dot{c}_{ti}-c^*)=a_{11}(c_{ti}-c^*)+a_{12}(m_t-m^*)$$
$$(\dot{m}_t-m^*)=a_{21}(c_{ti}-c^*)+a_{22}(m_t-m^*)$$

我们可以得到:

$a_{11}=0$

$a_{12}=\{-1/k\times\beta/(\beta-1)\times1/(1-\beta)\times m^{*\ 1/(1-\beta)-1}\times$
$\quad Y^*/F_1+[1-1/k\times\beta/(\beta-1)\times m^{*\ 1/(1-\beta)}]/F_1\times$
$\quad \mathrm{d}Y_t/\mathrm{d}m_t|_*\}c_i^*$

$a_{21}=-1/\{1+\beta\times[k\,m^{*\ 1/(\beta-1)}-1]\}\times L/F_2$

$a_{22}=1/\{1+\beta\times[k\,m^{*\ 1/(\beta-1)}-1]\}\times1/F_2\times\mathrm{d}Y_t/\mathrm{d}m_t|_*$

求特征值:$\begin{vmatrix}\lambda-a_{11} & -a_{12}\\ -a_{21} & \lambda-a_{22}\end{vmatrix}=0$,其中 $a_{11}=0$。

$\lambda^2-a_{22}\lambda-a_{12}a_{21}=0$

我们现在主要是要判断 a_{22} 的正负号,因为这决定了 E^{*2} 的稳定性。由于 $\mathrm{d}Y_t/\mathrm{d}m_t|_*>0$,显然 $a_{22}>0$。所以 E^{*2} 螺旋形向外发散。

第四章 外部性与重工业优先发展[①]

改革开放初期,学术界和政策界对计划经济时代的重工业优先发展战略造成的负面影响进行过全面的反思(林毅夫、蔡昉和李周,1994;于光远,1996)。但是,自20世纪90年代末以来,中国再次出现"重化工业化"浪潮,重化工业超常规发展,"重化工业化"成为学术界和决策部门普遍关注的一个热点话题。相关讨论的焦点在于,"重化工业化"是不是必经阶段;换言之,中国是继续"重化工业化"还是跳过"重化工业化"转向新型工业化道路——是优先发展重化工业还是优先发展服务业? 反对重化工业的观点主要集中在两个方面。一个是重化工业消耗大量能源,且造成大量的污染(吴敬琏,2006);另一个是重化工业是资本密集型行业,和中国的比较优势不符(林毅夫、蔡昉和李周,1994)。支持重化工业的观点则认为,重化工业是中国工业化不可逾越的阶段,而且也是国际产业转移的必然结果。

本章的目的不是直接介入这场争论,而是撤回一步,考察重工业和其他部门之间的关系。过去的讨论往往侧重于重工业与轻工业本身的特性,而忽略了重工业与其他部门之间的联系。重工业具有两个特点。其一,它的投资大,因此具有显著的规模经济;其二,它的产品应用广泛,为其他工业提供中间投入品,因此它的技术创新有利于提高其他行业的效率。因此,重工业对整个经济具有显著的垂直外部性。本章将构造一个包含中间品(重工业)和消费品(轻工业)两个部门而每个部门又包含许多产品的动态一般均衡模型,探讨重工业外部性对经济增长的贡献。模型的大体思路

[①] 上一章构建的是三部门模型,探讨重工业优先发展战略对于中国脱离贫困陷阱可能存在的意义。由于三部门模型会涉及多重均衡,要根据该模型来评价中国工业化道路比较困难。接下来本章会构建两部门模型,在不考虑重工业优先发展战略帮助中国脱离贫困陷阱的情形下,探讨实行重工业优先发展战略的理论依据。本章内容发表在《南开经济研究》2007年第2期,略作修改。

如下。

首先,中间品的生产使用劳动,而消费品的生产使用劳动和中间品。对于后者,中间品的种类比每种中间品的数量更重要,也就是说,生产消费品所使用的工序越多,即生产越迂回,则其效率越高。这里体现的是产品分工提高经济效率的思想。中间品和消费品的生产都需要一个前期投入,因此都具有规模经济,一种产品能否被生产,取决于对它的需求的大小。在这里,中间品和消费品的生产通过需求效应相互促进。如果消费品种类和产量增加,中间品的需求会增加。反过来,如果中间品种类和产量增加,收入水平会提高,消费品的需求也会增加。除此之外,中间品还具有一个消费品所不具备的性质,即它们可以通过和消费品之间的技术联系提高最终产品的生产效率。这主要得益于现金外部性,中间品种类增加会提高重工业部门的生产效率,降低综合中间品的价格,消费品的生产会更多地采用中间品,消费品的生产效率会提高,并且会增加所有中间品的需求。这就是本章的核心思想之所在,即重工业比轻工业具有更多的外部性。因此,对重工业的私人投资低于社会最优水平,国家对重工业实行一定程度的补贴政策是有利的。但是,随着经济的增长,消费品占经济的比重越来越高,它的需求效应的作用也会越来越大,因此应适时降低重工业的补贴程度。

本章以下内容由五节构成。第一节介绍模型的基本设定;第二节分析分散经济下私人如何做出重工业和轻工业的投资决策;第三节分析社会计划者经济下社会计划者如何做出重工业和轻工业的投资决策,并比较社会计划者经济下和分散经济下重工业和轻工业投资的不同;第四节讨论重工业的外部性对分散经济效率的影响;第五节为结论。

第一节　模型设定——两部门框架

本章模型的设定借鉴了马图亚马(Mastuyama,1996)和谢丹阳(Xie,1998)。马图亚马假设,经济存在两个部门,最终品部门和中间品部门,最终品部门和中间品部门是上下游关系；最终品只有一种，但是有两种生产技术；中间品有很多种，中间品种类的增加可以提高最终品部门的生产效率；中间品厂商垄断竞争，新建中间品企业需要固定成本，中间品投资会带来中间品种类的增加。与马图亚马不同，但和谢丹阳相似，①本章模型假定，最终品只有一种生产技术②，并且最终品有很多种，由于满足偏好多样性，最终品种类的增加可以提高相同消费总量带来的效用；最终品厂商垄断竞争，新建最终品企业需要固定成本，最终品投资带来最终品种类的增加。我们把最终品部门看作是轻工业，中间品部门看作是重工业。这样我们就可以同时考虑重工业和轻工业的外部性，讨论重工业和轻工业的投资问题，从而可以探讨重工业优先发展战略的理论依据。

假设封闭型经济初始人口为 L，以不变的增长率 η 增加，t 时刻人口为 $L_t = e^{\eta t} L$。任何一个时刻每个人无弹性地提供一单位的劳动力。经济存在两个部门，轻工业部门和重工业部门。轻工业部门生产的最终品种类是 $[0, n_t]$ 的连续统③，用 i 来表示，n_t 表示 t 时刻存在的最终品种类；重工业部门生产的中间品种类是 $[0, m_t]$ 的连续统，用 j 来表示，m_t 代表 t 时刻存在的中间品种类，中间品用来生产最终品。最终品种类 n_t 和中间品种类 m_t 随时间变化。

假设代表性消费者的效用函数为：

$$U = \int_0^\infty e^{-\rho t} u_t \, dt \tag{4.1}$$

---

① 谢丹阳讨论的是为什么即使存在国际市场，国内投资率和国内储蓄率还是紧密联系？他认为，首先人力资本高的国家会带来消费品和中间品种类的快速增长；其次，中间品种类数量快速增长的国家会带来高投资率，因为以新的中间品的形式进行的投资不会降低资本的边际收益；同样该国的消费品种类数量快速增长会带来高储蓄率，因为消费者在新类型的消费品上的储蓄不会降低消费的边际效用。

② 上一章主要探讨的是对重工业补贴可以帮助中国脱离贫困陷阱，因此模型通过假设最终品有两种生产技术引入工业化进程。由于上一章构建的模型比较复杂，经济会出现多重均衡；并且本章主要探讨的是对重工业补贴是因为重工业和轻工业具有不同的外部性，因此本章的假定进行了简化处理，假设最终品只有一种生产技术。

③ 上一章主要探讨重工业与贫困陷阱的关系，因此假设最终品种类是确定的，最终品种类为 $[0, 1]$ 的连续统，当经济工业化已经开始并且尚未结束时，轻工业的投资会增加采用现代方式生产的最终品的种类。本章主要聚焦于分析轻工业和重工业具有不同的外部性，我们可以把本章看作是上一章第二阶段的细化分析，本章假设最终品种类是 $[0, n_t]$ 的连续统。

其中 ρ 是贴现率,代表消费的跨期替代弹性,越早消费带来的效用越高。u_t 为 t 时刻代表性消费者的即期效用,可以把它看作是综合消费品带来的效用。该综合消费品不是每种消费品的简单加和,而是满足偏好多样性,我们采用迪克西特和斯蒂格利茨(Dixit-Stiglitz,1977)的常替代弹性函数形式来表示:

$$u_t = \int_0^{n_t} c_{ti}^{(\alpha-1)/\alpha} \mathrm{d}i \qquad \alpha > 1 \tag{4.2}$$

其中 c_{ti} 表示 t 时刻第 i 种最终品的人均消费量,α 为任意两种最终品的替代弹性,$\alpha > 1$ 表示没有一种最终品是必需的。

常替代弹性函数表明消费者偏好多样性。假设最终品具有对称性,消费相同的总消费量 $C_t = n_t c_{ti}$,如果最终品种类 n_t 增加,那么消费者的效用 $u_t = n_t^{1/\alpha} C_t^{(\alpha-1)/\alpha}$ 增加。该效用函数同时也表明轻工业投资具有正的技术外部性,如果投资新的最终品企业,最终品种类增加 dn_t,那么效用函数变为 $u_t = \int_0^{n_t + dn_t} c_{ti}^{(\alpha-1)/\alpha} \mathrm{d}i$,效用水平会提高。

轻工业部门由一系列最终品企业组成,每种最终品只有一个厂商可以生产,轻工业部门垄断竞争。t 时刻投资新的最终品企业需要先投资一定的资本品作为固定投资。这个固定成本可以理解为罗默的研发成本(为进一步劳动分工生产新商品需要购买新设计作为固定成本)。类似于第二代内生增长理论,最终品的研发过程由易到难,随着最终品种类的增加,研发成本增加,所以所需的固定投资增加。我们假设 t 时刻每种最终品的固定投资为 $n_t F_1$,①其中 F_1 是一个常数。然后最终品厂商使用劳动力和一系列中间品作为投入要素来生产最终品。

$$Y_{ti} = L_{ti}^{1/\beta} \left[\int_0^{m_t} x_{tij}^{(\beta-1)/\beta} \mathrm{d}j \right] \qquad \beta > 1 \tag{4.3}$$

其中 Y_{ti} 代表 t 时刻第 i 种最终品的产量,L_{ti} 代表 t 时刻生产第 i 种最终品所需的劳动力数量,x_{tij} 代表 t 时刻生产第 i 种最终品所需的第 j 种中间品数量。任意一种中间品都可以用来生产任意一种最终品,这表明重工业应用广泛,具有很强的关联效应。

———————

① 类似的设定可以参看杨(Young,1998)。

β 为任意两种中间品的替代弹性,每一种中间品都是其他中间品的不完美替代品,$\beta > 1$ 意味着没有一种中间品是必需的。

该生产函数采用埃塞尔(1982)的常替代弹性函数,它表示生产方式越迂回,生产效率越高。假设中间品具有对称性,劳动投入的数量 L_t 和总的中间品投入的数量 $X_{ti} = m_t x_{tij}$ 不变,如果中间品种类 m_t 增加,那么产出 $Y_{ti} = L_{ti}^{1/\beta} m_t^{1/\beta} X_{ti}$ 会增加。该生产函数同时也表明中间品的投资具有正的技术外部性[①],如果新建中间品企业,中间品种类增加 dm_t,那么生产函数会变为 $Y_{ti} = L_{ti}^{1/\beta} \left[\int_0^{m_t + dm_t} x_{tij}^{(\beta-1)/\beta} dj \right]$,最终品厂商的生产效率会提高。

重工业部门由一系列中间品企业组成,每种中间品只有一个厂商可以生产,重工业部门垄断竞争。t 时刻投资新的中间品企业需要先投资一定的资本品作为固定投资。类似于第二代内生增长理论,中间品的研发过程由易到难,随着中间品种类的增加,研发成本增加,所以所需的固定投资增加。假设该固定投资为 $m_t F_2$,其中 F_2 为一个常数。然后中间品厂商使用劳动力来生产中间品,每投入一单位的劳动力能够得到超过一单位的中间品。

$$x_{tj} = k L_{tj} \quad k > 1 \tag{4.4}$$

其中 x_{tj} 代表 t 时刻第 j 种中间品的产量,L_{tj} 代表 t 时刻生产第 j 种中间品所需劳动力的数量。

最后,我们假设厂商可以自由进入重工业部门和轻工业部门。

---

① 按照《新帕尔格雷夫经济学大辞典》(1996)的定义,技术外部性是指某种消费活动或生产活动对消费者的消费集或者消费者的效用函数或者生产者的生产函数产生间接影响。所谓间接性是指,其影响涉及的不是进行这一经济活动的厂商,而是其他厂商,其影响不通过价格系统起作用。而现金外部性则通过价格系统起作用。

第二节　分散经济模型

这节我们讨论分散经济下私人是如何做出重工业和轻工业的投资决策的。分散经济下私人只考虑投资能否盈利,如果能盈利,他就投资,如果不能盈利,他就不会投资。私人只考虑私人收益,而不会考虑投资对其他部门以及对总效用的提高是否有利。任一时刻,代表性消费者假定各种最终品价格、最终品的种类、工资和资本收入外生情况下通过选择每种最终品的消费和储蓄来最大化其一生的效用;最终品厂商和中间品厂商假定各要素价格和产品种类外生情况下通过选择产品价格和各投入要素的需求来最大化其利润;根据消费者和厂商的最大化决定可以得到现在和未来对最终品和中间品的需求,投资者根据利润能否覆盖固定投资来决定是否进入轻工业部门和重工业部门;各个最终品市场、各个中间品市场、劳动力市场和资本市场满足出清条件;我们可以得到各种最终品价格、各种中间品价格、工资、利率、最终品种类和中间品种类等,从而在一般均衡框架下得到私人对轻工业和重工业的投资。

一、代表性消费者

我们先来看看代表性消费者的当期优化行为。t 时刻,对于代表性消费者来说,各种最终品的价格 p_{ti}、最终品的种类 n_t 和支出 E_t 都是外生给定的,通过支出 E_t 在现有各种最终品的消费 c_{ti} 的分配来最大化当期效用水平 u_t。

$$\text{Max}_{c_{ti}} u_t = \int_0^{n_t} c_{ti}^{(\alpha-1)/\alpha} \mathrm{d}i$$

$$\text{s. t.} \quad \int_0^{n_t} p_{ti} c_{ti} \mathrm{d}i = E_t \tag{4.5}$$

由此我们可以得到 $c_{ti} = \left(p_{ti}^{-\alpha} / \int_0^{n_t} p_{ui}^{1-\alpha} \mathrm{d}i \right) E_t$。每种最终品的需求随该商品价格的上升而下降,每种最终品需求的价格弹性均为 α。

我们再来看看代表性消费者的跨期优化行为。消费者在预算约束下决定任何一个时刻每种最终品的消费量来最大化其一生的效用贴现和。

$$\text{Max}_{c_{t_i}} \int_0^\infty e^{-\rho t} \int_0^{n_t} c_{ti}^{(\alpha-1)/\alpha} \mathrm{d}i \mathrm{d}t$$

$$\text{s. t. } \dot{a}_t = w_t + r_t a_t - \int_0^{n_t} p_{ti} c_{ti} \mathrm{d}i \qquad (4.6)$$

其中 w_t 代表工资，a_t 表示人均财富，财富来自每个人拥有各种最终品企业和中间品企业的所有权，r_t 代表 t 时刻人均财富的回报率（最终品企业和中间品企业的回报率）。任一时刻，消费者收入有两个来源，工资收入和资本收入，收入的一部分用于消费，一部分用来增加财富，该等式为跨期预算约束。

我们可以得到上述优化问题的汉密尔顿方程：

$$H = e^{-\rho t} \int_0^{n_t} c_{ti}^{(\alpha-1)/\alpha} \mathrm{d}i + \lambda_t^F \left(w_t + r_t a_t - \int_0^{n_t} p_{ti} c_{ti} \mathrm{d}i \right)$$

其中 λ_t^F 代表分散经济下代表性消费者跨期优化问题中的拉格朗日乘子，代表分散经济下代表性消费者财富增加一单位带给代表性消费者一生效用之和的增加量。

由此我们可以得到欧拉方程：

$$\dot{c}_{ti}/c_{ti} = \alpha(r_t - \rho - \dot{p}_{ti}/p_{ti}) \qquad (4.7)$$

根据等式(4.7)，市场利率越高，消费者越会压低当前消费进行更多的储蓄，未来消费会更多，所以人均消费会增加。最终品价格增长率越高，由于未来最终品价格很高，消费者会增加当前最终品的消费，未来最终品的消费会减少，所以最终品的消费增长率会下降。由于一般模型把最终品价格标准化为1，所以最终品价格增长率这一项消失。

二、最终品部门

任一时刻，最终品厂商面临需求弹性不变的向下倾斜的需求曲线，垄断竞争厂商具有一定的垄断力，为了最大化利润把最终品的价格定为：

$$p_{ti}(1-1/\alpha) = cc_{ti} \qquad (4.8)$$

其中 p_{ti} 为 t 时刻第 i 种最终品的价格，cc_{ti} 为 t 时刻生产第 i 种最终品的边际成本。

最终品厂商把工资 w_t、各种中间品价格 p_{ij} 和中间品种类 m_t 当作外生的情况下以最低成本来生产最终品。

$$\min_{L_{ti}, x_{tij}} w_t L_{ti} + \int_0^{m_t} p_{tj} x_{tij} \,\mathrm{d}j$$

$$\text{s. t.} \quad Y_{ti} = L_{ti}^{1/\beta} \left[\int_0^{m_t} x_{tij}^{(\beta-1)/\beta} \,\mathrm{d}j \right]$$

我们可以得到最终品厂商的边际成本 cc_{ti}、对劳动力的需求 L_{ti} 和中间品的需求 x_{tij} 以及利润 π_{ti}：

$$cc_{ti} = (1/\beta)^{-1/\beta} \times [(\beta-1)/\beta]^{-(\beta-1)/\beta} \times$$

$$w_t^{1/\beta} \times \left[\left(\int_0^{m_t} p_{tj}^{1-\beta} \,\mathrm{d}j \right)^{1/(1-\beta)} \right]^{(\beta-1)/\beta} \tag{4.9}$$

$$L_{ti} = 1/\beta \times cc_{ti} \times Y_{ti}/w_t \tag{4.10}$$

$$x_{tij} = (\beta-1)/\beta \times cc_{ti} \times Y_{ti} \times p_{tj}^{-\beta} / \int_0^{m_t} p_{tj}^{1-\beta} \,\mathrm{d}j \tag{4.11}$$

$$\pi_{ti} = (p_{ti} - cc_{ti}) Y_{ti} = 1/\alpha \times p_{ti} \times Y_{ti} \tag{4.12}$$

根据等式(4.11)，我们可以得到每种中间品的需求弹性为 β。根据等式(4.9)，由于每种最终品厂商面临的工资 w_t、各种中间品的价格 p_{tj} 和中间品的种类 m_t 都相等，所以每种最终品的边际成本 cc_{ti} 都相等。根据等式(4.8)，由于所有最终品的需求弹性 α 都一样，所以每种最终品的价格都相等。根据等式(4.10)、(4.11)和(4.12)，我们看到每个最终品厂商所需要的劳动力的数量、各种中间品的数量以及利润都相等，所以每种最终品都是对称的。我们把最终品的价格标准化为 1，令 $p_{ti} = 1$。等式(4.7)变为我们熟悉的欧拉方程：

$$\dot{c}_{ti}/c_{ti} = \alpha(r_t - \rho) \tag{4.13}$$

任一时刻，潜在投资者决定是否要进入轻工业部门，只要未来利润贴现和能够覆盖固定成本，潜在投资者就会进入。潜在投资者停止进入轻工业部门的条件是

$$V_{ti} = \int_t^\infty e^{-(R_\tau - R_t)} \pi_{\tau i} \,\mathrm{d}\tau = n_t F_1 \tag{4.14}$$

其中 V_{ti} 表示 t 时刻最终品企业的价值，它是未来所有利润的贴现和，$R_t = \int_0^1 r_\tau \,\mathrm{d}\tau$，即

在 0 期投资的 1 单位产品在 t 期产生 e^{R} 单位的产品，r_t 为第 t 期市场利率。

潜在投资者在决定是否进入轻工业部门时只考虑私人收益，他不会考虑他的进入，是否有利于提高最终品的种类或提高人民生活水平。如果该投资对他来说会亏本，即使该投资对社会有利，私人也不会进行该投资。

三、中间品部门

类似的，中间品厂商面临需求弹性不变的需求曲线，对于中间品厂商来说工资 w_t 是外生的，垄断竞争厂商具有一定的垄断力，根据厂商利润最大化我们很容易可以得到中间品厂商对中间品的定价 p_{tj}、对劳动力的需求 L_{tj} 以及利润 π_{tj}：

$$p_{tj}(1-1/\beta)=1/k\times w_t \tag{4.15}$$

$$L_{tj}=1/k\times x_{tj} \tag{4.16}$$

$$\pi_{tj}=(p_{tj}-cc_{tj})x_{tj}=1/\beta\times p_{tj}\times x_{tj} \tag{4.17}$$

根据等式(4.15)，由于每种中间品的边际成本和需求弹性都相等，所以所有的中间品价格都相等。根据等式(4.16)和(4.17)，每个中间品厂商所需要的劳动力和利润都相等，所以每种中间品都是对称的。

任一时刻，潜在投资者决定是否要进入重工业部门，只要未来利润贴现和能够覆盖固定成本，潜在投资者就会进入。潜在投资者停止进入重工业部门的条件是：

$$V_{tj}=\int_{t}^{\infty}e^{-(R_{\tau}-R_t)}\pi_{tj}\mathrm{d}\tau=m_tF_2 \tag{4.18}$$

其中 V_{tj} 表示 t 时刻中间品企业 j 的价值。

同样，潜在投资者在决定是否进入重工业部门时只考虑私人收益，他不会考虑他的进入是否有利于提高轻工业的生产效率。如果该投资对他来说会亏本，即使该投资对社会有利，私人也不会进行该投资。

四、均衡条件

分散经济中，每个主体都把自己不能控制的变量当作是外生给定的：消费者把工资、利率和最终品种类当作给定的;最终品厂商把工资、中间品价格和中间品种类当作给定的;中间品厂商把工资当作给定的。任一时刻,消费者最大化效用,厂商最大化利润。当所有市场需求等于供给时,经济达到均衡。此时我们可以得到最终品价格和中间品价格、工资、利率、最终品产量、中间品产量、各部门对劳动力的需求、最终品种类、中间品种类、最终品投资和中间品投资。

任何一个时刻国民生产总值一部分用来消费,一部分用来投资:

$$\int_0^{n_t} p_{ti} Y_{ti} \mathrm{d}i = \int_0^1 p_{ti} c_{ti} L \mathrm{d}i + I_t$$

其中国民生产总值为所有最终品的产值,右边第一项为总消费,I_t 代表 t 时刻用于投资的部分。由于每种最终品对称,并且最终品价格标准化为 1,所以上式可以简化为:

$$Y_t = n_t Y_{ti} = n_t c_{ti} L + I_t \tag{4.19}$$

当每个最终品企业对第 j 种中间品的需求之和等于第 j 种中间品厂商的供给时,第 j 种中间品市场出清。

$$x_{tj} = \int_0^{n_t} x_{tij} \mathrm{d}i \tag{4.20}$$

我们再来看看劳动力市场,劳动力的需求来自最终品部门和中间品部门。

$$L_t = \int_0^{n_t} L_{ti} \mathrm{d}i + \int_0^{m_t} L_{tj} \mathrm{d}j \tag{4.21}$$

把等式(4.10)和(4.16)代入上式,同时根据(4.8)、(4.9)、(4.11)、(4.15)、(4.20)和(4.21)经过整理我们可以得到:

$$Y_t = n_t Y_{ti} = A L_t \, m_t^{1/\beta} \tag{4.22}$$

其中 $A = [k(\beta-1)^2/\beta]^{(\beta-1)/\beta}[1+(\beta-1)^2/\beta]^{-1}$,由外生参数决定。

资本市场的出清条件为:

$$I_t = \dot{n}_t n_t F_1 + \dot{m}_t m_t F_2 \tag{4.23}$$

其中左边为资本品的供给,右边为资本品的需求,右边第一项为 t 时刻的轻工业投资,所有新增最终品企业所需的固定投资,第二项为 t 时刻的重工业投资,所有新增中间品企业所需的固定投资。t 时刻整个社会资本存量 $K_t = \int_0^t I_\tau \mathrm{d}\tau$,其中轻工业的资本存量为 $\int_0^t \dot{n}_\tau n_\tau F_1 \mathrm{d}\tau = \frac{1}{2} n_t^2 F_1$,重工业的资本存量为 $\int_0^t \dot{m}_\tau m_\tau F_1 \mathrm{d}\tau = \frac{1}{2} m_t^2 F_2$。

资本市场出清条件同时还须满足等式(4.14)和(4.18),即潜在投资者都停止进入轻工业部门和重工业部门。对等式(4.14)求导经过化简我们可以得到 $(\pi_{ti} + \dot{V}_{ti})/V_{ti} = \dot{R}_t$,把等式(4.14)

代入上式,我们可以得到：

$$r_t = \dot{R}_t = \pi_{ti}/(n_t F_1) + \dot{n}_t/n_t \tag{4.24}$$

同理根据等式(4.18)我们可以得到：

$$r_t = \pi_{tj}/(m_t F_2) + \dot{m}_t/m_t \tag{4.25}$$

企业的当期回报率不仅包括当期利润率,而且还包括此时出售该企业的收益率。

五、重工业和轻工业投资比例

任一时刻,消费者通过选择消费和储蓄来最大化效用,投资者根据能否盈利来决定是否投资,轻工业部门和重工业部门可以自由进入。由此我们可以得到投资在两个部门的配置。

把重工业和轻工业资本存量比记为 φ_t,$\varphi_t = \left(\frac{1}{2} m_t^2 F_2\right) \Big/ \left(\frac{1}{2} n_t^2 F_1\right)$。根据等式(4.24)和(4.25)以及任一时刻轻工业的回报率等于重工业的回报率,我们可以得到：

$$\pi_{ti}/(n_t F_1) + \dot{n}_t/n_t = \pi_{tj}/(m_t F_2) + \dot{m}_t/m_t \tag{4.26}$$

由于重工业部门为轻工业部门提供中间品,并且轻工业部门的生产函数为科布-道格拉斯函数,根据等式(4.8)、(4.11)、(4.12)、(4.17)和(4.20),我们可以得到轻工业部门的总利润和重工业部门的总利润之比满足：

$$(n_t \pi_{ti})/(m_t \pi_{tj}) = \beta^2 / [(\alpha-1)(\beta-1)] \tag{4.27}$$

根据等式(4.26)和(4.27),我们可以得到：

$$\dot{\varphi}_t/\varphi_t = 2(\dot{m}_t/m_t - \dot{n}_t/n_t)$$

$$= 2[1 - (\alpha-1)(\beta-1)/\beta^2 \times 1/\varphi_t] \times (n_t \pi_{ti})/(n_t^2 F_1) \qquad (4.28)$$

若 $\varphi_t > (\alpha-1)(\beta-1)/\beta^2$，则 $\dot{\varphi}_t/\varphi_t > 0$，$\varphi_t$ 会一直超过 $(\alpha-1)(\beta-1)/\beta^2$。若 $\varphi_t <$ $(\alpha-1)(\beta-1)/\beta^2$，则 $\dot{\varphi}_t/\varphi_t < 0$，$\varphi_t$ 会一直低于 $(\alpha-1)(\beta-1)/\beta^2$。若 $\varphi_t = (\alpha-1)(\beta-1)/\beta^2$，则 $\dot{\varphi}_t/\varphi_t < 0$，$\varphi_t$ 会一直保持不变。

我们来看一下该模型处于平衡增长路径时重工业和轻工业的资本存量比。根据等式(4.12)、(4.13)、(4.19)、(4.22)、(4.24)和(4.25)，模型的动态方程为：

$$\dot{c}_{ti}/c_{ti} = \alpha(r_t - \rho) = \alpha[Y_{ti}/(\alpha n_t F_1) + \dot{n}_t/n_t - \rho] \qquad (4.29)$$

$$\dot{K}_t = n_t Y_{ti} - n_t c_{ti} L \qquad (4.30)$$

$$r_t = Y_{ti}/(\alpha n_t F_1) + \dot{n}_t/n_t$$

$$= (\alpha-1)(\beta-1)/(\alpha\beta^2) \times (n_t Y_{ti})/(m_t^2 F_2) + \dot{m}_t/m_t \qquad (4.31)$$

经济处于平衡增长路径时所有内生变量的增长率都为常数。根据等式(4.29)，我们可以得到 $g_{Y_t} = g_n$[①]。根据等式(4.31)，我们可以得到 $g_{Y_t} + g_n = 2g_m$，所以 $g_n = g_m$。我们可以得到平衡增长路径上重工业和轻工业的资本存量比：

$$\varphi_t^B = (\alpha-1)(\beta-1)/\beta^2 \qquad (4.32)$$

由于平衡增长路径上重工业和轻工业的资本存量比为常数，根据等式(4.28)，分散经济下重工业和轻工业的资本存量比始终 φ_t^F 为常数，$\varphi_t^F = (\alpha-1)(\beta-1)/\beta^2$。

由于重工业部门和轻工业部门的总利润之比始终保持常数。如果某个部门种类扩张率越快，那么该部门的厂商利润相对于另一个部门的厂商来说会下降。由于两个部门可以自由进入，厂商就会进入另一个部门，因此两个部门种类扩张率始终会相等，最终品种类和中间品种类始终保持一定比例。任一时刻轻工业和重工业的资本存量比始终为一个固定常数。

---

① g_x 表示下标 x 变量的增长率。

第三节　社会计划者经济模型

社会计划者经济下由社会计划者决定重工业和轻工业的投资比例,社会计划者不仅会考虑该投资能否盈利,更主要的是他还会考虑该投资对社会来说是否有利。轻工业投资会增加消费品种类,从而会增加效用。重工业投资会增加中间品种类,会提高中间品部门的生产效率,会提高整个社会的总产量,从而会增加效用。

社会计划者在满足现有的技术约束和资源约束下,通过选择消费路径、劳动力和资本在轻工业部门和重工业部门的配置来最大化所有人的效用贴现和。

$$\text{Max}_{c_{ti}, L_{ti}, L_{tj}, n_t, m_t} \int_0^{\infty} e^{-\rho t} \int_0^{n_t} c_{ti}^{(\alpha-1)/\alpha} L_t \mathrm{d}i \mathrm{d}t$$

$$\text{s. t.} \quad I_t = Y_t - C_t = \int_0^{n_t} Y_{ti} \mathrm{d}i - \int_0^{n_t} p_{ti} c_{ti} L_t \mathrm{d}i \tag{4.33}$$

$$\dot{n}_t n_t F_1 + \dot{m}_t m_t F_2 = I_t \tag{4.34}$$

$$x_{tj} = \int_0^{n_t} x_{tij} \mathrm{d}i \tag{4.35}$$

$$\int_0^{n_t} L_{ti} di + \int_0^{m_t} L_{tj} \mathrm{d}j = L_t \tag{4.36}$$

其中 $Y_{ti} = L_{ti}^{1/\beta} \left[\int_0^{m_t} x_{tij}^{(\beta-1)/\beta} \mathrm{d}j \right]$, $x_{tj} = kL_{tj}$, $\dot{L}_t/L_t = \eta$。等式(4.33)表示国民收入恒等式,等式(4.34)表示资本市场出清条件,等式(4.35)表示中间品市场出清条件,等式(4.36)表示劳动力市场出清条件。

同样我们把重工业和轻工业的资本存量比记为 φ_t, $\varphi_t = \left(\frac{1}{2} m_t^2 F_2 \right) \Big/ \left(\frac{1}{2} n_t^2 F_1 \right)$,则 $\frac{1}{2} n_t^2 F_1 = [1/(1+\varphi_t)] K_t$, $\frac{1}{2} m_t^2 F_2 = [\varphi_t/(1+\varphi_t)] K_t$。把上述决定最终品种类 n_t 和中间品种类 m_t 的问题转化为决定资本存量路径 K_t 和重工业和轻工业的资本存量比 φ_t 的问题。同时由于每种最终品和每种中间品具有相同的技术,假设最终品和中间品都具有对称性。经过整理,可以把上述问题简化为:

$$\text{Max}_{c_u,L_u,L_y,\varphi_t,K_t}\int_0^{\infty}e^{-\rho t}n_t\,c_{ti}{}^{(\alpha-1)/\alpha}L_t\mathrm{d}t$$

$$\text{s. t.}\qquad \dot{K}_t=Y_t-C_t=Y_t-n_tc_{ti}L_t \tag{4.37}$$

$$n_tL_{ti}+m_tL_{tj}=L_t \tag{4.38}$$

其中 $Y_t=n_tY_{ti}=n_t\,L_{ti}{}^{1/\beta}m_t\,(kL_{tj}/n_t)^{(\beta-1)/\beta}$。

上述问题的汉密尔顿方程为:

$$\begin{aligned}H=&\,e^{-\rho t}n_t\,c_{ti}{}^{(\alpha-1)/\alpha}L_t\\&+\lambda_t[n_t\,L_{ti}{}^{1/\beta}m_t\,(kL_{tj}/n_t)^{(\beta-1)/\beta}-n_tc_{ti}L_t]\\&+\mu_t(L_t-n_tL_{ti}-m_tL_{tj})\end{aligned} \tag{4.39}$$

其中 λ_t 表示增加一单位资本存量带来的总效用的增加量,μ_t 表示增加一单位劳动力带来的总效用的增加量。n_t 和 m_t 都是 φ_t 和 K_t 的函数,如果 φ_t 和 K_t 确定,最终品种类 n_t 和中间品种类 m_t 就可以确定。

我们对汉密尔顿方程分别对 c_{ti}、K_t、φ_t、L_{ti} 和 L_{tj} 求导可以得到以下式子:

$$(\alpha-1)/\alpha\times e^{-\rho t}n_t\,c_{ti}{}^{(\alpha-1)/\alpha-1}L_t=\lambda_tn_tL_t \tag{4.40}$$

$$\dot{\lambda}_t=-\frac{\mathrm{d}H}{\mathrm{d}K_t}=-\left[e^{-\rho t}c_{ti}{}^{(\alpha-1)/\alpha}L_t\frac{\partial n_t}{\partial K_t}+\lambda_t\left(\frac{1}{\beta}\frac{Y_t}{n_t}\frac{\partial n_t}{\partial K_t}+\frac{Y_t}{m_t}\frac{\partial m_t}{\partial K_t}-c_{ti}L_t\frac{\partial n_t}{\partial K_t}\right)-\right.$$
$$\left.\mu_t\left(\frac{\partial n_t}{\partial K_t}L_{ti}+\frac{\partial m_t}{\partial K_t}L_{tj}\right)\right] \tag{4.41}$$

$$e^{-\rho t}c_{ti}{}^{(\alpha-1)/\alpha}L_t\frac{\partial n_t}{\partial \varphi_t}+\lambda_t\left(\frac{1}{\beta}\frac{Y_t}{n_t}\frac{\partial n_t}{\partial \varphi_t}+\frac{Y_t}{m_t}\frac{\partial m_t}{\partial \varphi_t}-c_{ti}L_t\frac{\partial n_t}{\partial \varphi_t}\right)-\mu_t\left(\frac{\partial n_t}{\partial \varphi_t}L_{ti}+\frac{\partial m_t}{\partial \varphi_t}L_{tj}\right)=0$$

$$\tag{4.42}$$

$$\lambda_t\frac{1}{\beta}\frac{Y_t}{L_{ti}}=\mu_tn_t \tag{4.43}$$

$$\lambda_t\frac{\beta-1}{\beta}\frac{Y_t}{L_{tj}}=\mu_tm_t \tag{4.44}$$

等式(4.40)表明社会计划者按照增加一单位每种消费品所带来效用的增加与由此减少的资本的积累所带来的效用的减少相等来决定消费和储蓄;等式(4.43)和(4.44)表明社会计划者按照两个部门的劳动力的边际生产率来决定劳动力的配置。

根据等式(4.36)、(4.43)和(4.44)，我们可以把等式(4.42)简化为：

$$\lambda_t \frac{1}{\beta} \frac{Y_t}{m_t} \frac{\partial m_t}{\partial \varphi_t} + [e^{-\rho t} c_{ti}^{(\alpha-1)/\alpha} L_t - \lambda_t c_{ti} L_t] \frac{\partial n_t}{\partial \varphi_t} = 0 \qquad (4.45)$$

我们来看看社会计划者是如何决定重工业和轻工业资本存量比 φ_t 的。等式(4.45)左边第一项表明，当重工业和轻工业资本存量比 φ_t 增加，更多的资本投入重工业部门，重工业投资增加，中间品种类增加 $\frac{\partial m_t}{\partial \varphi_t}$；中间品种类增加会提高生产效率，总产量提高 $\frac{1}{\beta} \frac{Y_t}{m_t} \frac{\partial m_t}{\partial \varphi_t}$，投资也会增加，因此效用也会提高 $\lambda_t \frac{1}{\beta} \frac{Y_t}{m_t} \frac{\partial m_t}{\partial \varphi_t}$。等式(4.45)左边第二项表明，当重工业和轻工业资本存量比 φ_t 增加，更少的资本投入轻工业部门，轻工业投资减少，最终品种类减少，$\frac{\partial n_t}{\partial \varphi_t} < 0$；最终品种类减少对效用会带来两个方面的影响，一方面消费减少引起即期效用减少，效用的变化量为 $e^{-\rho t} c_{ti}^{(\alpha-1)/\alpha} L_t \frac{\partial n_t}{\partial \varphi_t}$，另一方面消费减少会使得投资增加 $-c_{ti} L_t \frac{\partial n_t}{\partial \varphi_t}$，这会使得效用增加 $-\lambda_t c_{ti} L_t \frac{\partial n_t}{\partial \varphi_t}$。所以资本在两个部门的配置取决于这两种力量的权衡。经过整理，我们可以得到：

$$\varphi_t^S = (\alpha-1)/\beta \times Y_t/(n_t c_{ti} L_t) = (\alpha-1)/[\beta \times (1-s_t)] \qquad (4.46)$$

其中 φ_t^S 代表社会计划者经济下重工业和轻工业资本存量比，该比例随储蓄率的变化而变化。由于储蓄率始终在 0 到 1 之间，所以显然 $\varphi_t^S = (\alpha-1)/[\beta * (1-s_t)] > \varphi_t^F = (\alpha-1)(\beta-1)/\beta^2$。

第四节　重工业外部性和重工业优先发展

前面两节我们讨论了分散经济下私人如何决定轻工业和重工业的投资以及社会计划者经济下社会计划者如何决定轻工业和重工业的投资。这一节我们主要比较分散经济和社会计划者经济的轻工业和重工业投资决策，并且分析两种经济下投资决策不同的原因，从而为重工业优先发展战略提供理论依据。

首先,我们来比较分散经济和社会计划者经济下轻工业和重工业的投资决策。社会计划者经济下重工业和轻工业的资本存量比为 $\varphi_t^S=(\alpha-1)/[\beta\times(1-s_t)]$,分散计划下重工业和轻工业的资本存量比为 $\varphi_t^F=(\alpha-1)(\beta-1)/\beta^2$,社会计划者经济下重工业和轻工业的资本存量比始终比分散经济下大。但是随着经济的发展,消费占总收入的比例越来越高,储蓄率越来越低,社会计划者经济下重工业和轻工业的资本存量比会越来越小,从而与分散经济下的比例越来越接近。

接下来我们看看背后的逻辑。考虑分散经济下重工业投资和轻工业投资的外部性。重工业投资和轻工业投资的私人收益均为 r_t。重工业投资的社会收益为重工业投资一单位带来所有人一生效用之和的增加量。如果其他条件不变,当重工业投资一单位,中间品种类增加 $1/(m_tF_2)$,产量增加 $Y_t/(\beta m_t)\times 1/(m_tF_2)$,资本增加带来所有人一生效用之和 $\lambda_t^F\times Y_t/(\beta m_t)\times 1/(m_tF_2)$,其中 λ_t^F 代表分散经济下代表性消费者资本增加一单位带来代表性消费者一生效用之和的增加量。重工业投资的外部性可以由其社会收益和私人收益之差 $\lambda_t^F\times Y_t/(\beta m_t)\times 1/(m_tF_2)-r_t$ 表示。

重工业投资的正外部性有两个来源。一是技术正外部性。重工业投资会增加中间品种类,提高最终品厂商的生产效率,这一点我们在模型的基本设定中已经说明。另一个是现金正外部性。根据等式(4.9)和等式(4.15),我们可以得到 $cc_{ti}=\beta^{-1/\beta}\times\{k[(\beta-1)/\beta]^2\}^{-(\beta-1)/\beta}\times w_t m_t^{-1/\beta}$。随着中间品种类增加,最终品厂商的生产成本相对工资在下降;根据等式(4.10),$L_{ti}=1/\beta\times cc_{ti}\times Y_{ti}/w_t$,最终品厂商采用的劳动力会减少,中间品会替代劳动力,最终品厂商的生产效率会提高,$Y_{ti}/L_{ti}=\beta^{1+1/\beta}\times\{k[(\beta-1)/\beta]^2\}^{(\beta-1)/\beta}\times m_t^{1/\beta}$,所以重工业投资还可以通过价格机制间接提高轻工业部门的生产效率,重工业投资具有现金外部性。重工业投资通过技术正外部性和现金正外部性提高了整个经济的生产效率,其正外部性大小与国民生产总值有关。

同样,轻工业投资的社会收益为轻工业投资增加一单位带来所有人一生效用之和的增加量。如果其他条件不变,当轻工业投资增加一单位,轻工业种类增加 $1/(n_tF_1)$,所有人的当期效用增加 $e^{-\rho t}c_{ti}^{(\alpha-1)/\alpha}L_t\times 1/(n_tF_1)$,但是资本减少造成所有人一生效用之和减少 $\lambda_t^F c_{ti}L_t\times 1/(n_tF_1)$。对(4.6)列出的汉密尔顿方程的 c_{ti} 进行求导,我们可以得到 $(\alpha-1)/\alpha\times e^{-\rho t}c_{ti}^{(\alpha-1)/\alpha-1}=\lambda_t^F$($p_{ti}$ 已标准化为1)。由此我们可以得到轻工业的社会收益为 $\lambda_t^F \times (n_t c_{ti} L_t)/[(\alpha-1)n_t] \times 1/(n_t F_1)$。轻工业投资的外部性同样可以由其社会收益和私人收益之差 $\lambda_t^F \times (n_t c_{ti} L_t)/[(\alpha-1)n_t] \times 1/(n_t F_1) - r_t$ 表示。

轻工业投资具有技术正外部性，因为轻工业投资增加了最终品种类，这会直接影响效用函数，提高效用水平，这一点我们在模型的基本设定已经指出。轻工业投资提高了相同的消费量所带来的效用，因此轻工业投资的正外部性与消费水平有关。

我们来比较重工业投资和轻工业投资的外部性。由于消费始终小于国民收入，我们可以得到 $(\alpha-1)/\beta \times Y_t/(n_t c_{ti} L_t) > [(\alpha-1)/\beta] \times [(\beta-1)/\beta]$。$[(\alpha-1)/\beta] \times [(\beta-1)/\beta]$ 为分散经济下重工业和轻工的资本存量比 φ_t^F，其中 $\varphi_t^F = \left(\frac{1}{2}m_t^2 F_2\right) \Big/ \left(\frac{1}{2}n_t^2 F_1\right)$。由此重工业投资的外部性 $\lambda_t^F \times Y_t/(\beta m_t) \times 1/(m_t F_2) - r_t$ 始终超过轻工业投资的外部性 $\lambda_t^F \times (n_t c_{ti} L_t)/[(\alpha-1)n_t] \times 1/(n_t F_1) - r_t$，分散经济下重工业和轻工业资本存量比始终小于社会计划者经济下的比例。分散经济下重工业投资低于社会最优水平，如果不考虑补贴的扭曲性效应，应该始终对重工业的投资进行补贴。随着经济的发展，消费占总产出的比例增加，重工业投资的外部性与轻工业投资的外部性的差额越来越小，分散经济下重工业投资与社会最优水平的差距越来越小，如果不考虑补贴的扭曲性效应，对重工业投资的补贴应该越来越小。

第五节　结论

本章建立了一个最终品种类和中间品种类均为内生决定的动态一般均衡模型，同时考虑重工业投资和轻工业投资的外部性，通过比较分散经济下和社会计划者经济下对重工业和轻工业的投资，发现私人对重工业的投资不足。因此，适度优先发展重工业可以促进经济增长。

其背后机制是：重工业投资会增加中间品种类，一方面通过技术外部性可以提高轻工业部门的生产效率；另一方面通过现金外部性降低中间品进入的门槛，重工业投资可以提高整个经济部门的生产效率。重工业投资外部性大小与国民生产总值有关。轻工业投资会增加最终品种类,可以提高消费者在相同花费下带来的效用,所以轻工业投资外部性大小与消费有关。由于消费始终少于国民生产总值,所以轻工业投资的外部性始终低于重工业投资的外部性。因此,私人对重工业投资不足。如果不考虑补贴造成的扭曲性效应,需要一直对重工业投资进行补贴,实行重工业优先发展战略。但是,随着经济的发展,消费占国民生产总值的比例提高,轻工业投资的外部性与重工业投资的外部性的差距缩小,所以对重工业投资的补贴应该越来越小。

本章对我们理解中国计划经济时代的经济成就具有借鉴意义。从 20 世纪 70 年代末 80 年代初开始,计划经济时代的重工业优先发展战略几乎被彻底否定。我们的分析表明,这种否定是不合理的。新中国成立之初,我国还是一个彻头彻尾的农业国,迅速地发展重工业对于我们建立自己的工业基础起到了非常重要的作用,也为改革开放之后我国经济的高速增长奠定了坚实的基础。另外,发展重工业为我国培育了大量人才,他们在改革开放之后为我国经济发展发挥了巨大作用。我们的分析还表明,20 世纪 70 年代末从重工业优先发展战略向轻重工业同步发展的转变是必要且明智的。重工业的外部性必须通过轻工业的增长才能得到释放,计划经济后期轻重工业比例严重失调,轻工业的滞后压抑了重工业作用的发挥。从这个意义上讲,改革开放之后中国经济的快速增长,至少部分源于重工业潜能的释放。

第五章　计划经济时代再考察[①]

从 20 世纪 50 年代初期到 80 年代改革开放初期,学术界和政策界对重工业优先发展战略经历了从肯定到几乎彻底否定的过程。20 世纪 50 年代初期,新中国面临薄弱的工业基础以及西方列强的经济封锁,更重要的是,我们接受了苏联的社会主义工业化道路的理论并受到苏联巨大成功的鼓舞,因此我们选择了重工业优先发展战略(于光远,1996)。到了改革开放初期,计划经济时期的重工业优先发展战略几乎被彻底否定(林毅夫、蔡昉和李周,1994;乌杰,1995)。一方面,学者开始质疑"生产资料生产优先发展"是不是一个客观规律,从而开始否定重工业优先发展战略的理论基石;另一方面,重工业优先发展战略造成轻重工业比例严重失调,人民生活水平长期得不到提高,重工业优先发展战略在实践中也受到挑战。我们应该如何看待计划经济时期实行的重工业优先发展战略? 是完全肯定还是完全否定,抑或还有第三种态度?

虽然长期实行重工业优先发展战略使得轻重工业比例严重失调,轻工业严重滞后,消费品品种单一、短缺现象严重,但是,重工业优先发展战略把有限的资源集聚到最紧迫发展的行业,使我国在较短的时期内迅速建立了较完整的工业体系,为改革开放之后我国经济的高速增长奠定了坚实基础。1952 年,国民收入总额为 589 亿元,人均仅 104 元;全国每人平均占有的主要工业品产量,钢 2.4 公斤,原煤 120 公斤,原油 0.8 公斤,发电量 12.8 度(图 5.1)。在 1953—1977 年,我国的工业总产值年均增长 11.3%,中国由一个以农业产值为主的国家变为一个工业产值为主的国家,建立了过去所没有的汽车、飞机、大型电机设备制造业、重型和精密机器制造业、冶金和矿

[①]　本章内容发表在《经济研究》2008 年第 4 期,略作修改。

山设备制造业、黑色及有色金属冶炼业、高级合金钢、无缝钢管和铝加工业、化学工业等新的工业部门,基本形成了门类齐全的工业体系(赵德馨,2003)。如图 5.1 所示,在 1978 年一些主要工业产品产量与 1952 年相比,都有数十倍甚至数百倍的增长,产量已居世界前列。如果没有计划经济时期建立的较强的工业基础,我们很难想象改革开放之后经济会快速增长。

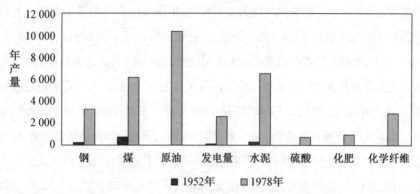

图 5.1 1952 年和 1978 年主要工业品产量比较①

注释:钢、原油、水泥、硫酸和化肥单位为年产量/万吨,煤单位为年产量/十万吨,发电量单位为年产量/亿度,化学纤维单位为年产量/百吨。

上一章我们试图建立实行重工业优先发展战略的理论依据。由于重工业比轻工业具有更多的外部性,对重工业的私人投资低于社会最优水平,因此国家对重工业实行一定程度的补贴政策是有利的。但是随着经济的增长,由于消费占经济的比重越来越高,重工业相对于轻工业来说外部性增加得越来越少,因此对重工业的补贴应该降低。而本章的核心是考察对重工业的补贴期限和补贴率问题。在构建动态一般均衡模型的基础上,我们考虑一个两阶段优化问题。第一阶段政府实行重工业优先发展战略,对新建的重工业企业进行补贴;第二阶段政府取消对重工业的补贴。优化的目标是社会福利最大,即所有人的效用贴现和最大。我们用中国的数据对模型进行校准,然后做两个政策试验,一个是中国实行平衡战略,即不对重工业进行补贴;另一

① 数据来源:国家统计局国民经济综合统计司.新中国五十年统计资料汇编[M].北京:中国统计出版社,1999.

个是中国实行合适的重工业优先发展的赶超战略，即根据两阶段优化选择的让社会福利最大的重工业优先发展战略。我们将这两个政策试验的结果与中国实际实行的重工业优先发展战略进行比较，评价标准是所有人的效用贴现和。

中国实际实行的重工业优先发展战略的起点为 1954 年，终点为 1979 年，中国实行了 25 年的重工业优先发展战略。根据我们的计算，中国在这个时期对重工业的平均补贴率为 37.37％。和平衡战略的结果相比，中国实际实行的重工业优先发展战略使得资本存量多增加了 64.7％。但是，实行该战略造成了长期的低消费水平，到 1991 年为止，所有人的效用贴现和仅为平衡战略下的 76.1％。这也是重工业优先发展战略受到颇多批评的缘由。根据两阶段最优控制法，我们认为合适的赶超战略是对重工业的补贴时间为 11.62 年（即从 1954 年持续到约 1966 年），平均补贴率为 31％。如果实行合适的重工业优先发展的赶超战略，虽然会暂时造成低消费，但是可以较快地建立工业基础、加快资本积累和提高经济增长速度，即使从所有人的福利贴现和来看，截至 1991 年所有人的福利贴现和也会比平衡战略下提高 1.85％。所以，目前对计划经济时期实行的重工业优先发展战略的批评，很大程度上是由于实践中重工业优先发展战略过头了。如果我们采取合适的重工业优先发展战略，那么它会有利于经济的发展和人民福利的提高。

本章的安排如下。第一节建立一个两部门多产品的动态一般均衡模型；第二节采用两阶段最优控制法来寻找合适的重工业优先发展战略；第三节根据中国的数据对模型进行校准，比较平衡战略、赶超战略以及实际实行的过度赶超战略三条道路下的结果，对中国计划经济时期实行的重工业优先发展战略进行反思；第四节是结论。

第一节 模型的假设与一般均衡分析

上章借鉴了马图亚马和谢丹阳的模型，构造了一个包含中间品（重工业）和最终品（轻工业）两个部门并且每个部门又包含许多产品的动态一般均衡模型，探讨重工业外部性对经济增长的贡献。本章在上章的基础上加入政府部门①,政府部门可以选择重工业企业的补贴率和补贴期限来最大化全体居民的效用贴现和。

一、模型的假设

假设一个封闭型经济拥有 H 个代表性家庭,初始人口为 L_0。每个家庭的人口以不变的增长率 η 增加。任一时刻,每个代表性家庭平均拥有最终品厂商和中间品厂商的所有权,每个人无弹性地提供一单位的劳动力。经济存在轻工业部门和重工业部门,这两个部门厂商都可以自由进入。轻工业部门垄断竞争,生产的最终品种类是 $[0, n_t]$ 的连续统,用 i 来表示,n_t 表示 t 时刻存在的最终品种类。重工业部门也是垄断竞争,生产的中间品种类是 $[0, m_t]$ 的连续统,用 j 来表示,m_t 代表 t 时刻存在的中间品种类。中间品用来生产最终品。最终品种类 n_t 和中间品种类 m_t 随时间变化。

假设代表性家庭的效用函数为:

$$U = \int_0^\infty \mathrm{e}^{-\rho t} u_t L_t / H \mathrm{d}t \tag{5.1}$$

其中 ρ 是贴现率,L_t/H 是每个代表性家庭拥有的人口数,u_t 为 t 时刻每个人的即期效用,我们采用迪克西特和斯蒂格利茨(1977)的常替代弹性函数形式来表示:

$$u_t = \int_0^{n_t} c_{ti}^{(\alpha-1)/\alpha} \mathrm{d}i \quad \alpha > 1 \tag{5.2}$$

其中 c_{ti} 表示 t 时刻第 i 种最终品的人均消费量,α 为任意两种最终品的替代弹性,$\alpha > 1$ 表示没有一种最终品是必需的。常替代弹性函数表明消费者偏好产品的多样性。

建立新的最终品企业需要先投资一定的资本品作为固定投资。这个固定成本可以理解为罗默的研发成本(为进一步劳动分工生产新商品需要购买新设计作为固定成本)。类似于第二代内生增长理论,最终品的研发过程由易到难,随着最终品种类

---

① 除了增加政府部门,本章模型假设与上一章模型假设基本一致。为了保持本章内容的完整性,本章赘述了模型假设。

的增加,研发成本增加,所以所需的固定投资增加。我们假设 t 时刻每种最终品的固定投资为 $n_t F_1$,[①]其中 F_1 是一个常数。然后最终品厂商使用劳动力和一系列中间品作为投入要素来生产最终品：

$$Y_{ti} = L_{ti}^{1/\beta} \left[\int_0^{m_t} x_{tij}^{(\beta-1)/\beta} \mathrm{d}j \right] \quad \beta > 1 \tag{5.3}$$

其中 Y_{ti} 代表 t 时刻第 i 种最终品的产量,L_{ti} 代表 t 时刻生产第 i 种最终品所需的劳动力数量,x_{tij} 代表 t 时刻生产第 i 种最终品所需的第 j 种中间品数量,β 为任意两种中间品的替代弹性。该生产函数采用埃塞尔(1982)的常替代弹性函数,它表明中间品种类对最终品的生产具有正的技术外部性。

任一时刻,潜在投资者决定是否要进入轻工业部门,只要未来利润贴现和能够覆盖固定成本,潜在投资者就会进入。潜在投资者停止进入轻工业部门的条件是：

$$V_{ti} = \int_t^\infty e^{-(R_t - R)} \pi_{\tau i} \mathrm{d}\tau = n_t F_1 \tag{5.4}$$

其中 V_{ti} 表示 t 时刻最终品企业的价值,它是未来所有利润的贴现和,$\pi_{\tau i}$ 表示 τ 时刻最终品企业的利润, $R_t = \int_0^1 r_\tau \mathrm{d}\tau$,即在 0 期投资的 1 单位产品在 t 期产生 e^R 单位的产品,r_t 为第 t 期市场利率。

建立新的中间品企业也需要先投资一定的资本品作为固定投资。类似于第二代内生增长理论,中间品的研发过程由易到难,随着中间品种类的增加,研发成本增加,所以所需的固定投资增加。假设该固定投资为 $m_t F_2$,其中 F_2 为一个常数。然后中间品厂商使用劳动力来生产中间品：

$$x_{tj} = k L_{tj} \quad k > 1 \tag{5.5}$$

其中 x_{tj} 代表 t 时刻第 j 种中间品的产量,L_{tj} 代表 t 时刻生产第 j 种中间品所需劳动力的数量。

政府通过征收一次性税收来对新建的重工业企业进行补贴。为简便起见,我们

---

① 类似的设定可以参看杨(Young, 1998)。

假设政府对重工业实行的补贴率 δ 不随时间变化。① 假设政府实行平衡预算。

$$T_t = G_t = \dot{m}_t \delta m_t F_2 \qquad (5.6)$$

其中 T_t 表示 t 时刻征收的一次性税收；$\dot{m}_t$ 表示 t 时刻新建的重工业企业数目，$\delta m_t F_2$ 表示 t 时刻每一家新建的重工业企业得到的政府补贴；G_t 表示 t 时刻的财政支出，财政支出全部用于补贴新建的重工业企业。

由于政府对新建的重工业企业进行补贴，此时潜在投资者停止进入重工业部门的条件是：

$$V_{tj} = \int_t^\infty \mathrm{e}^{-(R_\tau - R_t)} \pi_{\tau j}\,\mathrm{d}\tau = (1-\delta)m_t F_2 \qquad (5.7)$$

其中 V_{tj} 表示 t 时刻中间品企业 j 的价值，$\pi_{\tau j}$ 表示 τ 时刻中间品企业 j 的利润。

二、一般均衡分析

代表性家庭把各种最终品的价格 p_{ti}、工资 w_t 和利率 r_t 当作是外生给定的，在预算约束下最大化效用。最终品厂商把工资 w_t、各种中间品价格 p_{tj} 和中间品种类 m_t 当作是外生给定的来最大化利润，我们可以得到最终品垄断竞争厂商对最终品的定价 p_{ti}、对劳动力的需求 L_{ti}、对中间品的需求 x_{tij} 和利润 π_{ti}。中间品厂商把工资 w_t 当作外生给定的来最大化利润，我们可以得到中间品厂商对中间品的定价 p_{tj}、对劳动力的需求 L_{tj} 和利润 π_{tj}。当最终品市场、中间品市场、劳动力市场和资本市场出清，潜在投资者停止进入轻工业部门和重工业部门，经济达到均衡。我们可以得到(详细的推导可以参考第四章)：

$$Y_t = n_t Y_{ti} = AL_t\, m_t^{1/\beta} \qquad (5.8)$$

其中 $A = [k(\beta-1)^2/\beta]^{(\beta-1)/\beta}[1+(\beta-1)^2/\beta]^{-1}$，由外生参数决定。同时，我们还可以得到：

----

① 由于中间品技术外部性的重要性是逐步下降的，更一般的假设是补贴率 δ 随时间而变化，但是这样做会大大增加模型的技术难度。因此我们假设补贴率 δ 不变，我们可以把补贴率 δ 理解为补贴期限内的平均补贴率。

$$r_t = \pi_{ti}/(n_t F_1) + \dot{n}_t/n_t = \pi_{tj}/[(1-\delta)m_t F_2] + \dot{m}_t/m_t \qquad (5.9)$$

企业的当期回报率不仅包括当期利润率，而且还包括此时出售该企业的收益率。

t 时刻整个社会的资本存量为 $K_t = \int_0^t I_\tau \mathrm{d}\tau$，其中轻工业的资本存量为
$\int_0^t \dot{n}_\tau n_\tau F_1 \mathrm{d}\tau = \frac{1}{2} n_t^2 F_1$，重工业的资本存量为 $\int_0^t \dot{m}_\tau m_\tau F_2 \mathrm{d}\tau = \frac{1}{2} m_t^2 F_2$。把重工业和轻
工业资本存量比记为 φ_t，和上章推导过程类似，我们可以得到：

$$\varphi_t^\delta = (\alpha-1)(\beta-1)/[(1-\delta)\beta^2] \qquad (5.10)$$

此时重工业和轻工业资本存量比 φ_t^δ 为常数。

三、讨论

在我们构建的模型中，最终品种类和中间品种类是内生变化的，而投资正是伴随
着最终品种类和中间品种类的扩张发生的。我们把最终品种类、中间品种类、总产量
和利率用资本存量和劳动力数量来表示：

$$m_t = \{2\varphi_t^\delta/[(1+\varphi_t^\delta)F_2]\}^{1/2} K_t^{1/2} = \phi_m(\delta) K_t^{1/2} \qquad (5.11)$$

$$n_t = \{2/[(1+\varphi_t^\delta)F_1]\}^{1/2} K_t^{1/2} = \phi_n(\delta) K_t^{1/2} \qquad (5.12)$$

$$Y_t = n_t Y_{ti} = A\phi_m(\delta)^{1/\beta} L_t K_t^{1/(2\beta)} = \phi_Y(\delta) L_t K_t^{1/(2\beta)} \qquad (5.13)$$

$$r_t = \pi_{ti}/(n_t F_1) + \dot{n}_t/n_t$$
$$= [\phi_Y(\delta) L_t K_t^{1/(2\beta)}]/[\alpha\phi_n(\delta)^2 K_t F_1] + 1/2\ \dot{K}_t/K_t$$
$$= \phi_r(\delta) L_t K_t^{1/(2\beta)-1} + 1/2\ \dot{K}_t/K_t \qquad (5.14)$$

$$u_t = [\phi_n(\delta) K_t^{1/2}]^{1/\alpha} C_t^{1-1/\alpha} \qquad (5.15)$$

$$\partial u_t/\partial C_t = (1-1/\alpha)[\phi_n(\delta) K_t^{1/2}]^{1/\alpha} C_t^{-1/\alpha} \qquad (5.16)$$

其中 φ_t^δ、$\phi_m(\delta)$、$\phi_n(\delta)$、$\phi_Y(\delta)$ 和 $\phi_r(\delta)$ 均为常数，$\varphi_t^\delta = (\alpha-1)(\beta-1)/[(1-\delta)\beta^2]$，$\phi_m(\delta)$
$= \{2\varphi_t^\delta/[(1+\varphi_t^\delta)F_2]\}^{1/2}$，$\phi_n(\delta) = \{2/[(1+\varphi_t^\delta)F_1]\}^{1/2}$，$\phi_Y(\delta) = A\phi_m(\delta)^{1/\beta}$，$\phi_r(\delta) =$
$\phi_Y(\delta)/[\alpha\phi_n(\delta)^2 F_1]$，$C_t = n_t c_{ti}$ 为 t 时刻的人均总消费。

通过分析 $\delta=0$ 和 $\delta>0$ 两种情形我们可以观察政府补贴对经济的影响。首先，

通过对新建的重工业企业进行补贴,相同资本存量下会有更多的资源投入重工业部门。根据等式(5.11)和(5.12),由于政府补贴降低了重工业投资的成本,所以相同资本存量下中间品种类会增加,$\phi_m(\delta) > \phi_m$①,最终品种类会减少,$\phi_n(\delta) < \phi_n$。根据等式(5.13),由于重工业企业具有技术外部性,总产量会增加,$\phi_Y(\delta) > \phi_Y$。其次,通过对新建重工业企业进行补贴,经济中用于积累的比例会增加。根据等式(5.14),由于总产量增加,最终品企业利润会增加,政府补贴下即期资本回报率会增加,$\phi_r(\delta) > \phi_r$。同时,根据等式(5.16),由于对新建重工业企业进行补贴,最终品种类会减少,$\phi_n(\delta) < \phi_n$,消费带来的边际效用会降低,所以消费者更愿意压低当前的消费增加储蓄,以获得更高的未来消费,经济中用于积累的比例会增加。最后,对新建重工业企业进行补贴会降低相同资本存量和人均总消费下带来的效用。根据等式(5.15),由于消费者偏好产品多样性,而对重工业的补贴会减少最终品产品的种类,$\phi_n(\delta) < \phi_n$,因此相同资本存量和人均总消费下的效用会下降。

第二节　重工业优先发展战略的转型

从上一节我们看到,政府对新建重工业企业进行补贴可以集聚更多的资源投入重工业部门,从而可以更快地建立完整的工业体系;并且由于资本回报率上升,消费者更愿意压低当前消费以换取未来更高的消费。但是,是不是对重工业投资的补贴率越高越好？是不是重工业优先发展战略持续的时间越长越好？本节我们将研究对新建重工业企业的补贴率以及补贴持续时间②,目标是最大化所有人的效用贴现和。我们把经济分为两个阶段,第一阶段实行重工业优先发展战略,对新建重工业企业进行补贴;第二阶段取消重工业优先发展战略,回到平衡战略。我们采用两阶段最优控制法来寻找合适的重工业优先发展战略。如果最优补贴持续时间为0,那么说明不需要实行重工业优先发展战略;如果最优补贴持续时间为∞,那么说明要一直实行重

---

① $\phi_i(\delta)$表示政府补贴$\delta > 0$下变量i的参数,ϕ_i表示政府补贴$\tau = 0$下变量i的参数。n、m、Y和r分别表示最终品种类、中间品种类、总产量和利率。

② 假设政府突然取消补贴,个人不能预期政府什么时候宣布取消补贴。

工业优先发展战略；如果最优补贴持续时间介于上述两种情况之间，那么说明需要在某一个时刻实现发展战略的转型。

　　两阶段最优控制法[①]的思路是先考虑第二阶段，假设补贴持续时间 t_1 和补贴结束时的资本存量 K_{t_1} 已知，经济把该时刻作为起点，由市场的参与者决定所有的决策，代表性家庭最大化效用，我们得到它的消费路径和家庭财富路径。然后，我们考虑第一阶段，经济按照重工业优先发展战略下的动态系统运行，代表性家庭最大化效用，我们再次得到它的消费路径和家庭财富路径。最后根据上述两个阶段得到的消费路径，政府选择第一阶段的最优补贴率 δ^* 和最优补贴持续时间 t_1^* 来最大化所有人在两阶段的效用贴现和。

　　我们先来考虑第二阶段，$t \in (t_1, \infty)$。假设取消补贴时间 t_1 和补贴结束时的资本存量 K_{t_1} 已知，代表性家庭选择消费路径和家庭财富路径来最大化从该时刻起的效用贴现和。代表性家庭的优化问题为：

$$\text{Max}_{c_{ti}, a_t} U_2(c, t) = \int_{t_1}^{\infty} e^{-\rho t} \int_0^{n_t} c_{ti}^{(\alpha-1)/\alpha} L_t / H \, di \, dt$$

$$\text{s.t} \quad \dot{a}_t = r_t a_t + w_t L_t / H - \int_0^{n_t} p_{ti} c_{ti} L_t / H \, di \quad t_1 \text{ 和 } K_{t_1} \text{ 已知} \quad (5.17)$$

其中 a_t 为代表性家庭的财富，包括每个家庭对最终品厂商和中间品厂商的拥有权；$\dot{a}_t$ 为代表性家庭财富的变化，具体为家庭的财富收入和劳动收入扣除家庭的消费支出。除了没有对重工业的补贴，厂家的决策和上一节一样。由于每个代表性家庭都是对称的，因此 $a_t = K_t / H$。由于每种最终品对称，我们假设 $p_{ti} = 1$。

　　我们可以把上述问题转化为：

$$\text{Max}_{c_{ti}, K_t} U_2(c, t) = \int_{t_1}^{\infty} e^{-\rho t} \int_0^{n_t} c_{ti}^{(\alpha-1)/\alpha} L_t / H \, di \, dt$$

$$\text{s.t} \quad \dot{K}_t = r_t K_t + w_t L_t - \int_0^{n_t} c_{ti} L_t \, di \quad t_1 \text{ 和 } K_{t_1} \text{ 已知} \quad (5.18)$$

---

　　① 托米亚山（Tomiyama, 1985）以及托米亚山和罗萨纳（Tomiyama & Rossana, 1989）详细讨论了有限期限的两阶段最优控制法，马里克斯（Makris, 2001）把有限期限扩展到无限期限。

此问题的汉密尔顿方程是：

$$H_2(K,c,t,\lambda_2) = \mathrm{e}^{-\rho t}\int_0^{n_t} c_{ti}^{(\alpha-1)/\alpha}L_t/H\,\mathrm{d}i$$

$$+\lambda_{2t}(r_tK_t+w_tL_t-\int_0^{n_t}c_{ti}L_t\mathrm{d}i) \tag{5.19}$$

其中 $H_2(K,c,t,\lambda_2)$ 为 t 时刻代表性家庭的效用，λ_{2t} 为 t 时刻资本存量对代表性家庭效用的边际贡献。我们可以得到最优性条件：

$$(\alpha-1)/\alpha\mathrm{e}^{-\rho t}c_{ti}^{-1/\alpha}L_t/H=\lambda_{2t}L_t \tag{5.20}$$

$$\dot{\lambda}_{2t}=-H_2/K_t=-\lambda_{2t}r_t \tag{5.21}$$

$$\dot{K}_t = r_tK_t+w_tL_t-\int_0^{n_t}c_{ti}L_t\mathrm{d}i \tag{5.22}$$

以及横截性条件：

$$\lim_{t\to\infty}\lambda_{2t}K_t=0 \tag{5.23}$$

根据等式(5.11)、(5.12)、(5.13)、(5.20)、(5.21)和(5.22)，同时由于最终品对称，我们可以得到以下动态系统：

$$\dot{c}_{ti}/c_{ti}=\alpha(r_t-\rho)$$

$$=\alpha[\phi_r L_tK_t^{1/(2\beta)-1}+1/2\,\dot{K}_t/K_t-\rho] \tag{5.24}$$

$$\dot{K}_t=\phi_Y L_tK_t^{1/(2\beta)}-\phi_n K_t^{1/2}c_{ti}L_t \tag{5.25}$$

令 $\widetilde{K}_t=K_tL_t^{2\beta/(1-2\beta)}$，$\tilde{c}_{ti}=c_{ti}L_t^{(1-\beta)/(1-2\beta)}$，上述动态系统可以整理为：

$$\dot{\tilde{c}}_{ti}/\tilde{c}_{ti}=\dot{c}_{ti}/c_{ti}+(1-\beta)/(1-2\beta)\eta$$

$$=\alpha[\phi_r \widetilde{K}_t^{1/(2\beta)-1}+1/2\phi_Y \widetilde{K}_t^{1/(2\beta)-1}$$

$$-1/2\phi_n \widetilde{K}_t^{-1/2}\tilde{c}_{ti}-\rho]+(1-\beta)/(1-2\beta)\eta \tag{5.26}$$

$$\dot{\widetilde{K}}_t/\widetilde{K}_t=\dot{K}_t/K_t+2\beta/(1-2\beta)\eta$$

$$=\phi_Y \widetilde{K}_t^{1/(2\beta)-1}-\phi_n \widetilde{K}_t^{-1/2}\tilde{c}_{ti}+2\beta/(1-2\beta)\eta \tag{5.27}$$

显然，上述动态系统只有唯一均衡点，即 $\dot{\tilde{c}}_{ti}/\tilde{c}_{ti}=0$ 和 $\dot{\widetilde{K}}_t/\widetilde{K}_t=0$ 同时成立。当经

济处于稳态时，$\dot{K}_t/K_t\mid_* = 2\beta/(2\beta-1)\eta, \dot{Y}_t/Y_t\mid_* = 2\beta/(2\beta-1)\eta > \eta$。我们看到该模型具有内生增长。

在第二阶段 t_1 时刻，资本存量 K_{t_1} 增加一单位带来所有家庭总效用的增加额为：

$$\lambda_{2t_1}\times H = (\alpha-1)/\alpha e^{-\rho t_1}\tilde{c}_{t,i}^{-1/\alpha}L_{t_1}^{(1-\beta)/[\alpha(1-2\beta)]} \tag{5.28}$$

我们再来考虑第一个阶段的问题，$t\in(0,t_1)$。此时政府对重工业企业投资进行补贴，补贴率为 δ。代表性家庭选择消费路径和家庭财富路径来最大化这一阶段的效用贴现和：

$$\text{Max}_{c_{t_i},a_t}U_1(c,t) = \int_0^{t_1}e^{-\rho t}\int_0^{n_t}c_{ti}^{(\alpha-1)/\alpha}L_t/H didt$$

$$\text{s. t}\quad \dot{a}_t = r_t^\delta a_t + w_t^\delta L_t/H - \int_0^{n_t}c_{ti}L_t/Hdi - T_t/H$$

K_0 给定 $\tag{5.29}$

其中一次性税收 $T_t = \dot{m}_t\delta m_t F_2$，家庭财富 $a_t = [\int_0^t\dot{n}_t n_\tau F_1 d\tau + \int_0^t\dot{m}_\tau(1-\delta)m_\tau F_2 d\tau]/H$。厂家的决策和上一节的相同。

我们可以把上述问题转化为：

$$\text{Max}_{c_{t_i},K_t}U_1(c,t) = \int_0^{t_1}e^{-\rho t}\int_0^{n_t}c_{ti}^{(\alpha-1)/\alpha}L_t/H didt$$

$$\text{s. t}\quad \dot{K}_t = r_t^\delta K_t + w_t^\delta L_t - \int_0^{n_t}c_{ti}L_t di$$

K_0 给定 $\tag{5.30}$

此问题的汉密尔顿方程是：

$$H_1(K,c,t,\lambda_1) = e^{-\rho t}\int_0^{n_t}c_{ti}^{(\alpha-1)/\alpha}L_t/Hdi$$

$$+\lambda_{1t}[r_t^\delta K_t + w_t^\delta L_t - \int_0^{n_t}c_{ti}L_t di] \tag{5.31}$$

类似的，我们可以得到：

$$\dot{c}_{ti}/c_{ti} = \alpha[r_t^\delta-\rho]$$

$$\dot{K}_t = r_t^\delta K_t + w_t^\delta L_t - \int_0^{n_t} c_{ti} L_t \mathrm{d}i$$

令 $\widetilde{K}_t = K_t L_t^{2\beta/(1-2\beta)}$，$\widetilde{c}_{ti} = c_{ti} L_t^{(1-\beta)/(1-2\beta)}$，我们可以得到新的动态系统：

$$\dot{\widetilde{c}}_{ti}/\widetilde{c}_{ti} = \dot{c}_{ti}/c_{ti} + (1-\beta)/(1-2\beta)\eta$$

$$= \alpha[\phi_r(\delta)\widetilde{K}_t^{1/(2\beta)-1} + 1/2\phi_Y(\delta)\widetilde{K}_t^{1/(2\beta)-1}$$

$$-1/2\phi_n(\delta)\widetilde{K}_t^{-1/2}\widetilde{c}_{ti} - \rho] + (1-\beta)/(1-2\beta)\eta \qquad (5.32)$$

$$\dot{\widetilde{K}}_t/\widetilde{K}_t = \dot{K}_t/K_t + 2\beta/(1-2\beta)\eta$$

$$= \phi_Y(\delta)\widetilde{K}_t^{1/(2\beta)-1} - \phi_n(\delta)\widetilde{K}_t^{-1/2}\widetilde{c}_{ti} + 2\beta/(1-2\beta)\eta \qquad (5.33)$$

在第一阶段 t_1 时刻，资本存量 K_t 增加一单位带来所有家庭总效用的增加额为：

$$\lambda_{1t_1} \times H = (\alpha-1)/\alpha e^{-\rho t_1} \widetilde{c}_{t_1 i}^{\delta}{}^{-1/\alpha} L_{t_1}^{(1-\beta)/[\alpha(1-2\beta)]} \qquad (5.34)$$

现在政府选择最优补贴率 δ^* 和最优取消补贴时间 t_1^* 来最大化两个阶段所有家庭的效用贴现和：

$$\mathrm{Max}_{\delta, t_1} \int_0^{t_1} e^{-\rho t} \int_0^{n_t^{\delta^*}} c_{ti}^{\delta^*(\alpha-1)/\alpha} L_t \mathrm{d}i\mathrm{d}t +$$

$$\int_{t_1}^{\infty} e^{-\rho t} \int_0^{n_t^*} c_{ti}^{*(\alpha-1)/\alpha} L_t \mathrm{d}i\mathrm{d}t$$

其中 $c_{ti}^{\delta*}$ 和 c_{ti}^* 为第一阶段补贴率为 δ 和第二阶段取消补贴时代表性家庭为了最大化效用所选择的消费路径。

要使得福利最大化，我们需要满足最优条件：

$$H \times H_1^*(K_{t_1}, t_1^*) = H \times H_2^*(K_{t_1}, t_1^*) \qquad (5.35)$$

其中 H 为经济中的代表性家庭的数目，$H_1^*(K_{t_1}, t_1^*)$ 表示 t_1^* 时刻资本存量为 K_{t_1} 第一阶段代表性家庭的效用；$H_2^*(K_{t_1}, t_1^*)$ 表示 t_1^* 时刻资本存量为 K_{t_1} 第二阶段代表性家庭的效用。等式(5.35)表示 t_1^* 时刻资本存量为 K_{t_1} 第一阶段所有家庭福利和与第二阶段所有家庭福利和相等。该等式可以决定最优补贴持续时间 t_1^*。

根据等式(5.28)和(5.34)，我们可以得到：

$$H \times H_1{}^*(K_{t_1}, t_1) - H \times H_2{}^*(K_{t_1}, t_1)$$

$$= H \times \lambda_{1t_1}[C_{t_1}^\delta/(\alpha-1) + Y_{t_1}^\delta] - H \times \lambda_{2t_1}[C_{t_1}/(\alpha-1) + Y_{t_1}] \qquad (5.36)$$

其中 $C_{t_1} = \phi_n \widetilde{K}_{t_1}{}^{1/2} \widetilde{c}_{t_1 i} L_{t_1}{}^{2\beta/(2\beta-1)}$，$C_{t_1}^\delta = \phi_n(\delta) \widetilde{K}_{t_1}{}^{1/2} \widetilde{c}_{t_1 i}^\delta L_{t_1}{}^{2\beta/(2\beta-1)}$，$Y_{t_1} = \phi_Y \widetilde{K}_{t_1}{}^{1/(2\beta)}$ $L_{t_1}{}^{2\beta/(2\beta-1)}$，$Y_{t_1}^\delta = \phi_Y(\delta) \widetilde{K}_{t_1}{}^{1/(2\beta)} L_{t_1}{}^{2\beta/(2\beta-1)}$。$H_1{}^*(K_{t_1}, t_1)$ 为 t_1 时刻资本存量为 K_{t_1} 时第一阶段代表性家庭的效用。$H_2{}^*(K_{t_1}, t_1)$ 为 t_1 时刻资本存量为 K_{t_1} 时第二阶段代表性家庭的效用。

当 $H \times H_1{}^*(K_{t_1}, t_1) > H \times H_2{}^*(K_{t_1}, t_1)$ 时，t_1 时刻第一阶段所有家庭的福利和大于该时刻第二阶段所有家庭的福利和，说明此时实行重工业优先发展战略有利于提高总效用；当 $H \times H_1{}^*(K_{t_1}, t_1) < H \times H_2{}^*(K_{t_1}, t_1)$ 时，t_1 时刻第一阶段所有家庭的福利和小于该时刻第二阶段所有家庭的福利和，说明此时实行平衡战略有利于提高总效用；当 $H \times H_1{}^*(K_{t_1}, t_1) = H \times H_2{}^*(K_{t_1}, t_1)$ 时，t_1 时刻第一阶段所有家庭的福利和与该时刻第二阶段所有家庭的福利和相等，说明此时实行平衡战略和实行重工业优先发展战略无差异。从等式(5.34)我们可以看到 t_1 时刻第一阶段所有家庭的福利和与该时刻第二阶段所有家庭的福利和差距在于两方面。其一，由于实行重工业优先发展战略，最终品种类减少，$\phi_n(\delta) < \phi_n$，总消费量下降，$C_{t_1}^\delta = \phi_n(\delta) \widetilde{K}_{t_1}{}^{1/2} \widetilde{c}_{t_1 i}^\delta$ $L_{t_1}{}^{2\beta/(2\beta-1)} < C_{t_1} = \phi_n \widetilde{K}_{t_1}{}^{1/2} \widetilde{c}_{t_1 i} L_{t_1}{}^{2\beta/(2\beta-1)}$，因而降低了效用，$H \times \lambda_{1t_1} C_{t_1}^\delta/(\alpha-1) < H \times \lambda_{2t_1}$ $C_{t_1}/(\alpha-1)$。其二，由于实行重工业优先发展战略，中间品种类增加，$\phi_m(\delta) > \phi_m$，整个社会的生产效率提高，$\phi_Y(\delta) = A \phi_m(\delta)^{1/\beta} > \phi_Y = A \phi_m{}^{1/\beta}$，总产量提高，$Y_{t_1}^\delta = \phi_Y(\delta)$ $\widetilde{K}_{t_1}{}^{1/(2\beta)} L_{t_1}{}^{2\beta/(2\beta-1)} > Y_{t_1} = \phi_Y \widetilde{K}_{t_1}{}^{1/(2\beta)} L_{t_1}{}^{2\beta/(2\beta-1)}$，从而增加了效用，$H \times \lambda_{1t_1} Y_{t_1}^\delta > H \times \lambda_{2t_1}$ Y_{t_1}。当资本存量较低时，重工业的外部性非常强，经济中总消费占总产出的比例较低，实行重工业优先发展战略带来的效用的提高部分高于带来的效用的减少部分，实行重工业优先发展战略有利于效用的提高。当资本存量较高，重工业的外部性变弱，经济中总消费占总产出的比例较高，实行重工业优先发展战略带来的效用的减少部分高于带来的效用的提高部分，重工业优先发展战略不利于效用的提高。当资本存量达到一定水平，两者相互抵消，$H \times H_1{}^*(K_{t_1}, t_1) = H \times H_2{}^*(K_{t_1}, t_1)$，此时取消重

工业优先发展战略可以最大化效用。

在给定补贴率的情况下,由等式(5.35)可以得到最优补贴持续时间。由于我们无法得到补贴率的解析解,接下来我们将转而通过数值模拟确定补贴。其方法是首先计算所有补贴率($\delta \in [0,1]$)下的效用贴现和,然后找到最大的效用贴现和,此时的补贴率就是最优的。

第三节　模型的校准和对中国重工业优先发展战略的反思

本节我们先利用中国的数据对模型进行校准,然后做两个政策试验,一个是实行平衡战略,另一个是实行适当的赶超战略。这里的困难是,我们的模型假设消费者和厂家是分散决策的,而中国计划经济时代的消费者的消费受配给的影响,厂家的决策受政府计划的限制。但是,我们没有一个可用的中国计划经济时代的微观主体决策模型。如果说苏联的消费和生产都是政府计划决定的,那么中国计划经济时代和政府计划还差得很远,政府的各个层级以及微观行为主体都具有一定的自主性。[1] 我们承认我们的分散决策模型不是对中国现实的真实描述,但同时也认为,这个模型可以作为对中国现实的一个近似,在最低层次上,它也为我们理解现实提供了一个基准。

我们把1954年9月周恩来在第一届全国人民代表大会第一次会议上指出第一个五年计划要集中力量发展重工业作为实行重工业优先发展战略的起点,把1979年全国人大五届二次会议提出加快轻纺工业的发展作为实行平衡战略的起点。我们的数据来自国家统计局发布的《中国工业统计年鉴》(1986—1991年)以及《新中国五十年统计资料汇编》。

我们先来看一下我们需要确定的模型参数,它们分别是初始人口数量 L_0、初始资本存量 K_0、初始最终品价格 p_{0i}、人口增长率 η、偏好参数 α 和 ρ 以及技术参数 β、F_1、F_2 和 k。由于实际经济包括第一产业、第二产业和第三产业,而本章主要分析轻

---

① 关于这方面的讨论,参见马斯金、钱和许(Maskin, Qian & Xu, 2000)。

工业和重工业,所以我们校准的经济只包括工业部门(包括轻工业和重工业)。实际经济中重工业不仅向轻工业提供投入品,而且还向第一产业和第二产业提供投入品,因此我们需要确定轻工业部门对中间品的需求,用 μ 表示重工业产品用于轻工业生产的比例。我们需要把前几节的模型稍作改动,主要是改变中间品市场的出清条件,使之变为 $\mu x_{tj} = \int_0^{n_t} x_{tij}\, \mathrm{d}i$。参数 μ 也是我们需要确定的参数。我们先根据任意时刻厂商利润最大化需要满足的条件和市场出清条件得到参数 L_0、K_0、η、α、ρ、β、F_1、F_2 和 μ。在这个过程中,我们也可以确定计划经济时代的补贴率 δ。然后,根据中国实际实行的重工业优先发展战路径下的工业资本存量路径和重工业资本存量路径,我们可以校准剩下的两个参数 p_{0i} 和 k。

我们首先确定 α。由于轻工业是垄断竞争部门,所以轻工业的净产值率就是价格需求替代弹性 α 的倒数。即 $[\,p_{0i}(n_t Y_{ti} - n_t w_t L_{ti} - n_t m_t p_{tj} x_{tij})\,]/(p_{0i} n_t Y_{ti}) = 1/\alpha$,其中分母为轻工业的总产值,分子为轻工业的净产值(即总产值扣除中间投入,包括劳务支付以及中间品的支出等)。从图 5.2 我们可以看到,轻工业的净产值率比较稳定,1954—1988 年的平均值为 0.320 6,所以 α 取值为 3.118 9。

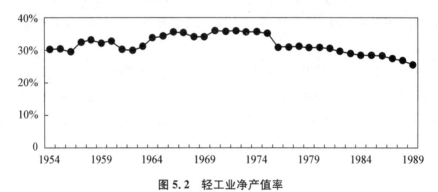

图 5.2　轻工业净产值率

数据来源:《工业统计年鉴》(1988)轻工业的总产值和净产值。

类似的,由于重工业是垄断竞争部门,所以重工业的净产值率就是价格需求替代弹性 β 的倒数。即 $[\,p_{0i}(m_t p_{tj} x_{tj} - m_t w_t L_{tj})\,]/(p_{0i} m_t p_{tj} x_{tj}) = 1/\beta$,其中分母为重工业的总产值,分子为重工业的净产值。从图 5.3 我们可以看到,重工业的净产值率也比较稳定,1954—1988 年的平均值为 0.371 0,所以 β 取值为 2.695 6。

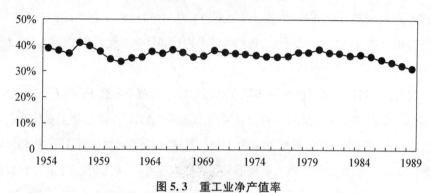

图 5.3　重工业净产值率

数据来源:《工业统计年鉴》(1988)重工业的总产值和净产值。

从图 5.4 我们可以看到,1954 年开始实行重工业优先发展战略后,重工业与轻工业固定资产投资的比值从刚开始的 4 左右逐渐上升到 10 左右,然后维持一段时间,一直到 1978 年;从 1979 年开始的几年间重工业与轻工业固定资产投资的比值突然下降,接下来重工业与轻工业固定资产投资的比值逐渐上升到一个比较稳定的水平(比较接近刚开始的 4)。如果政府没有对重工业企业补贴,那么重工业和轻工业固定资产的投资比例 $(\dot{m}_t m_t F_2)/(\dot{n}_t n_t F_1)$ 为 $[(\alpha-1)(\beta-1)]/(\mu\beta^2)$。这个比例在 1979—1991 年的平均值为 5.736 5,由于 α 和 β 已知,所以可求得重工业用于轻工业

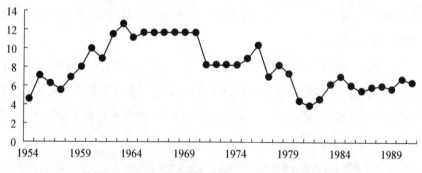

图 5.4　重工业固定投资与轻工业固定投资的比值

数据来源:《中国工业统计年鉴》(1992),由于缺乏 1978 年以前固定资产投资的数据,我们采用轻工业和重工业基建投资的数据。

的比例 $\mu = 0.086\ 2$。如果政府对重工业企业进行补贴，那么重工业和轻工业的固定资产比例 $(\dot{m}_t m_t F_2)/(\dot{n}_t n_t F_1)$ 为 $[(\alpha-1)(\beta-1)]/[(1-\delta)\mu\beta^2]$。这个比例在 1954—1978 年的平均值为 9.188 2，所以，我们可以求得计划经济时代对重工业的补贴率 δ 为 37.57%。

我们再来看最终品厂商和中间品厂商固定成本的两个参数 F_1 和 F_2。与 1979 年相比，1952 年中国的工业资本存量非常低，因此我们假设 1952 年轻工业和重工业的资本存量均为 0。然后，根据 1952 年开始的基建投资（扣除物价指数[1]），我们可以推断以 1954 年价格计价的轻工业和重工业的资本存量。[2] 我们用轻工业企业数目和重工业企业数目来代表最终品种类和中间品种类，则根据等式 $p_{0i}F_1 = (2p_{0i}K_t^n)/n_t^2$[3]，我们可以确定 $p_{0i}F_1$。该等式右边的分子为以 1954 年价格计价的轻工业资本存量乘以 2，分母为轻工业企业数目的平方。由于数据的限制，我们只有 1985—1991 年的轻工业和重工业企业数目的数据。1985—1991 年的 $p_{0i}F_1$ 的平均值为 2.850 0。类似的，我们可以利用 $p_{0i}F_2 = (2p_{0i}K_t^m)/m_t^2$[4] 确定 1985—1991 年的 $p_{0i}F_2$，其平均值为 27.909 0。

根据《新中国五十年统计资料汇编》，1949 年年底全国总人口为 54 167 万人，1998 年年底全国总人口为 124 810 万人，因此人口年增长率 η 为 0.017。1954 年工业总人口为 L_0 为 731 万人。根据 1988 年《中国工业统计年鉴》，以 1954 年价格计价的 1954 年工业固定资产原值 $p_{0i}K_0$ 为 220.2 亿元。最后，我们参考文献的普遍做法，偏好参数 ρ 设为 0.1。

现在我们只剩下两个参数需要确定，它们是 1954 年最终品的价格 p_{0i} 以及技术参数 k。按照上一节构建的模型，中国实际执行的重工业优先发展战略下的资本存量路径分为两个阶段：第一个阶段为中国在 1954—1978 年实行重工业优先发展战略

---

① 本文采用职工生活费用价格总指数来代表最终品价格的变化。

② 资本存量只包括基建投资部分，且不计算折旧，这更符合本文关于固定成本和资本存量的含义。

③ 其中 $p_{0i}K_t^n$ 为第 t 期轻工业的资本存量。

④ 类似的，$p_{0i}F_2$ 表示第 t 期重工业的资本存量。

下的资本存量路径,经济在等式(5.32)和(5.33)的动态系统下运行;第二个阶段为中国 1979 年取消重工业优先发展战略下的资本存量路径,经济在等式(5.26)和(5.27)的动态系统下运行。通过校准工业资本存量、轻工业资本存量和重工业资本存量的模型数据和实际数据,我们可以得到 1954 年最终品价格 p_{0i} 为 5 元,重工业技术参数 k 为 95。

　　总结起来,我们得到的参数值分别是:1954 年工业人口 $L_0 = 731$ 万人,以 1954 年价格计价的 1954 年工业固定资产原值 $p_{0i}K_0 = 220.2$ 亿元,1954 年每种消费品价格 $p_{0i} = 5$ 元,人口自然增长率 $\eta = 1.7\%$,偏好参数 $\rho = 0.1$,最终品替代弹性 $\alpha = 3.1189$,中间品替代弹性 $\beta = 2.6956$,重工业用于轻工业的比例 $\mu = 8.62\%$,$p_{0i}F_1 = 2.8500$ 元,$p_{0i}F_2 = 27.9090$ 元,$k = 95$。而且,我们得到计划经济时代对重工业的补贴率为 $\delta = 37.57\%$。图 5.5 和图 5.6 分别对比了工业资本存量和重工业资本存量的实际值和模型校准值,可以看到,校准的路径和实际路径之间的差别不是很大。

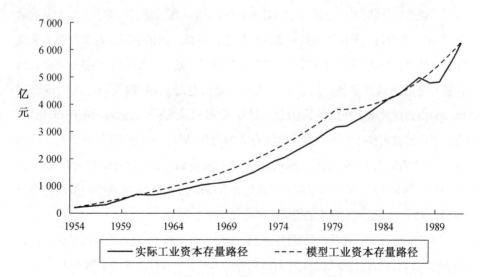

图 5.5　实际和模型校准的工业资本存量路径

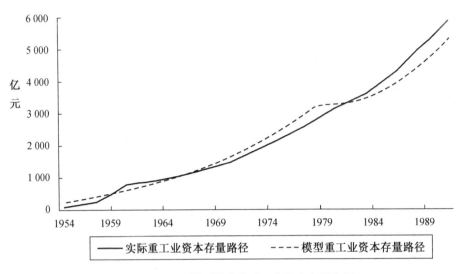

图 5.6　实际和模型校准的重工业资本存量路径

　　根据以上参数，我们来做两个政策试验。一个是平衡发展战略，即中国一直没有对重工业进行补贴；另一个是合适的赶超战略，即中国刚开始实行重工业优先发展战略，但是采用合适的补贴率并且在最佳时机取消补贴。如果中国没有实行重工业优先发展战略，那么经济一直在等式(5.26)和(5.27)的动态系统下运行，我们可以找出各状态变量的运行轨迹。如果中国实行合适的赶超战略，则我们可以根据等式(5.36)得到任意给定补贴率下的最优取消补贴时间以及所有人的效用贴现和，然后，我们可以通过调整补贴率来最大化所有人的效用贴现和。我们得到最优补贴率为31%，小于实际发生的补贴率。根据这个补贴率，我们得到最优补贴持续时间 t_1^* 为11.62年，即以1954年为实行重工业优先发展战略的起点，发展战略的最佳转型时间约为1966年，比实际发生的提前13年。

　　表5.1至表5.5对几个关键性参数 p_{0i}、k、α、β、F_1 和 F_2 进行稳健性检验。从这些表格可以看到，这些参数的变化对最优补贴率和补贴持续时间的影响不大。

表 5.1　p_{0i} 的稳健性检验

P_{0i}	1	2	3	4	**5**	6	7	8	9
t_1	0.31	0.31	0.31	0.31	**0.31**	0.31	0.31	0.31	0.31
δ	11.63	11.63	11.62	11.61	**11.62**	11.62	11.57	11.63	11.59

表 5.2　α 的稳健性检验

α	2.7	2.8	2.9	3.0	**3.118 9**	3.2	3.3	3.4	3.5
t_1	0.32	0.32	0.31	0.31	**0.31**	0.31	0.31	0.31	0.31
δ	11.50	11.54	11.58	11.61	**11.62**	11.60	11.57	11.53	11.47

表 5.3　β 的稳健性检验

β	2	2.2	2.4	2.6	**2.695 6**	2.7	2.8	2.9	3
t_1	0.31	0.3	0.3	0.31	**0.31**	0.32	0.33	0.33	0.34
δ	12.35	12.72	12.41	11.84	**11.62**	11.62	11.31	11.06	10.81

表 5.4　$p_{0i}F_1$ 的稳健性检验

$p_{0i}F_1$	1.0	2.5	2.7	**2.85**	3.0	5	10	20
t_1	0.32	0.32	0.32	**0.31**	0.32	0.32	0.32	0.32
δ	11.59	11.59	11.59	**11.62**	11.59	11.59	11.59	11.59

表 5.5　$p_{0i}F_2$ 的稳健性检验

$p_{0i}F_2$	1	10	20	25	**27.909 0**	30	40	50
t_1	0.32	0.32	0.32	0.32	**0.31**	0.32	0.32	0.32
δ	11.64	11.58	11.59	11.59	**11.62**	11.59	11.56	11.60

图 5.7、图 5.8 和图 5.9 分别显示了 1954—1991 年三种战略下的重工业和轻工业投资比例、资本存量和居民的效用贴现和。过度赶超战略加快了资本存量的积累，到 1978 年资本存量比平衡战略多增加了 64.7%。也就是说，截至 1978 年，我国 3 501 亿元工业资本存量中有 1 375 亿元是靠实行重工业优先发展战略多积累出来的。但是，对于整个 1954—1991 年，资本存量仅比平衡战略多增加 6.1%。过度赶

超战略过多地把资源用于积累,尽管取消重工业优先发展战略以后轻工业蓬勃发展,但是由于过度赶超战略补贴率过高以及持续时间过长,过度赶超战略下的效用贴现和大大低于平衡战略下的效用贴现和。从图5.9我们可以看到,截至1991年,过度赶超战略下的效用贴现和仅为平衡战略下的76.1%。正如20世纪80年代初对重工业优先发展战略反思所指出的,重工业优先发展战略在"以产为纲"以及为生产而生产的错误思想指导下,扩大了重工业的作用而看轻了轻工业的作用,造成轻重工业比例严重失衡,消费品种类单一,人民生活水平长期得不到提高。但是,图5.9告诉我们,适当的赶超战略比平衡战略的表现要好,截至1991年,赶超战略下的效用贴现和比平衡战略下的高1.85%。赶超战略虽然在短期压低了消费,但是由此建立的工业基础带来了后期消费水平的提高,并且,消费品种类的迅速增加带来了效用的迅速提高。从图5.9我们可以看到,实施赶超战略23年后(1977年),居民的效用贴现和就比平衡战略下的高了。

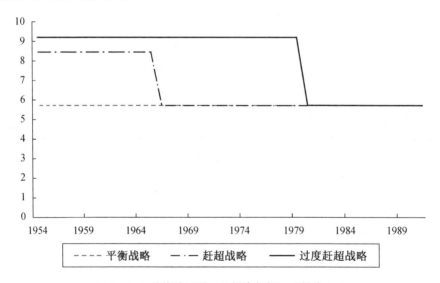

图5.7 三种战略下重工业投资与轻工业投资之比

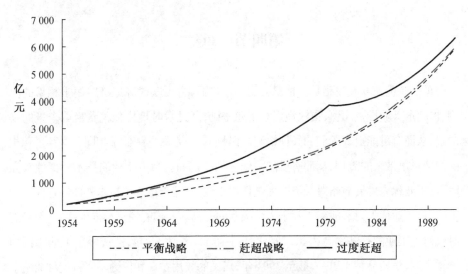

图 5.8　三种战略下资本存量路径

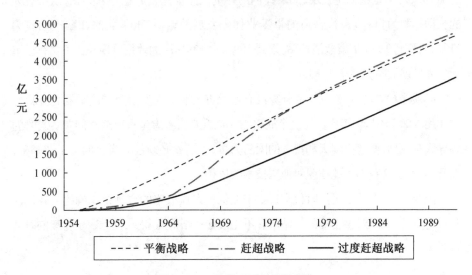

图 5.9　三种战略下效用贴现和

第四节　总结

重工业优先发展战略是一把双刃剑。一方面，它可以提高经济中用于积累的比例，提高重工业投资比例，更快地建立工业基础，通过暂时地压低消费换取未来的高消费，从而有可能提高人们的长期福利。但是，另一方面它降低了相同资本存量和相同消费总量带来的效用，从而有可能降低人们的福利。当重工业的技术外部性较强时，重工业优先发展战略对经济的促进作用比较大；随着重工业技术外部性重要性的下降，重工业优先发展战略不利于人民福利的提高。我们的模型校准发现，计划经济时代对重工业的补贴率高达 37.57%，且持续时间长达 25 年，造成轻重工业比例的严重失调，消费品种类单一，截至 1991 年，居民的效用贴现和仅为不实行这种战略下的 76.1%。但是我们也发现，如果我们用好重工业优先发展这把双刃剑，以所有人的长期福利为目标，实行合适的重工业优先发展战略，对重工业的补贴率调整为 31%，而且到 1966 年就取消补贴，则到 1991 年所有居民的效用贴现和比不实行重工业优先发展战略会高出 1.85%。

必须注意的是，我们这里的计算没有考虑重工业优先发展对居民福利之外目标的作用。20 世纪 50 年代实行这个战略的一个重要的考虑是军事战略问题。当时的领导人意识到，要建立强大和持久的国防力量，中国就必须建立自己的重工业基础，而且，只有这样我们才能摆脱对他国技术的依赖。

因此，中国在计划经济时代实行重工业优先发展战略的方针是正确的。我们的计算也发现，当时对重工业的补贴率并不比最优补贴率高多少，问题在于持续的时间过长了。

第六章　总结

第一代发展经济学家认为,发展中国家的政府可以通过罗森斯坦·罗丹的"大推进",或者通过赫希曼根据产业间的前向和后向联系提出的"不平衡增长",打破纳克斯提出的"贫困的恶性循环",从而实现经济的结构转换。他们系统地提出一些发展战略以及政府在规划和计划中的作用。

然而由于第一代发展经济学家提出的政策并没有解决大规模的贫困,许多人谴责政策导致的扭曲和由于公共政策而产生的非市场失灵,经济学家日益摆脱对发展规划和计划的迷恋。20世纪80年代第二代发展经济学家支持"新古典主义经济学的复苏",中心在市场、价格和激励,倡导最小限度的国家。

随着人们对"新市场失灵"的认识,新增长理论对知识、外部性和动态收益递增的探索,为因资本积累而产生的收益递增和外部性的协调提供了基础。"因而出现了向第一代发展经济学家重视因市场规模影响而产生的收益递增……重要性的回归。"人们重新意识到政府在处理新市场失灵(不完全信息、不完全市场、动荡的外部性、规模收益递增、多重均衡和路径依赖性)仍然具有广泛的功能。

墨菲、施莱费尔和维什尼(1989)用数学形式化方法重新对罗森斯坦·罗丹的"大推进"加以严密表述。墨菲等人认为经济存在外部经济,比如说一个企业工业化提高工人的工资从而提高其他企业产品的需求使得其它企业工业化有利可图,但是该企业无法把这种收益内部化。由于任何一个企业单独工业化无利可图,所以经济可能会出现所有企业都没有工业化的状态,从而陷入贫困陷阱。但是如果通过大推进,所有企业同时工业化,那么所有企业都有利可图,经济则走向高水平均衡。

西科恩和松山(1996)发现由于存在不完美竞争,市场垄断竞争,单个厂商水平上的规模经济可以通过现金外部性转化为总量水平上的收益递增。由于中间品的生产需要数额较大的固定投资，如果市场规模过小，报酬递增的技术无法在经济中得到充分利用，所以经济可能会陷于贫困陷阱。

墨菲、施莱费尔和维什尼(1989)虽然考虑了工业化进程，但是只考虑部门间的水平外部性。西科恩和松山(1996)虽然考虑了垂直外部性，但是没有考虑垂直外部性对工业化进程的关系，而且也没有考虑水平外部性。

我们试图在包括农业部门、轻工业部门和重工业部门的三部门框架下同时考虑互补性和规模经济导致的贫困陷阱，同时考虑水平外部性、垂直外部性和工业化进程。一方面，经济存在外部经济，重工业的发展为轻工业企业提供了更多种类的机器设备，提高了轻工业企业的盈利性，加快了工业化进程，但是重工业企业无法把这种收益内部化。另一方面，经济存在规模经济，由于重工业的投资需要固定成本，所以重工业企业能否获利就可能取决于采用现代技术生产消费品的轻工业的数量。如果经济比较落后，工业化比例较低，轻工业对重工业产品的需求较少，从而重工业投资无利可图，轻工业没有重工业的机器设备配备效率更低，从而工业化比例很低，经济陷入贫困陷阱；如果经济比较发达，工业化比例较高，轻工业对重工业产品的需求较大，从而重工业投资有利可图，轻工业在重工业的机器设备配备下效率提高，工业化比例提高，经济迈向高水平均衡。

近年来西方发展经济学界重新审视了早期结构思路的理论文献，发现其中有不少"已经被忘记但却很有价值的观点"，这些观点"令人吃惊的激发出许多解释"(Krugman，1995)。但是正如奥利韦拉(Olivera，1992)认为，"结构主义的主要弱点，可能在于它所开出的政策药方上"。斯特里顿(1984)则指出，结构主义者犯了过于简单化的毛病，"他们在观察并分析了许多市场失灵的情况后，就匆匆做出结论说，中央政府必须代替市场，……不认为国家应当把市场作为计划化的有力工具，把价格作为政策的有力工具来结合起来"。上述两篇文章都没有讨论政策建议，政府通过什么方式才能使经济从坏的均衡到好的均衡。

我们认为，当一个经济比较落后，由于轻工业对重工业的需求较少，重工业的市场规模较小，而重工业投资需要固定成本，重工业投资无利可图；但是如果此时，我们对新建的重工业企业投资进行补贴，那么较小的市场规模可以支撑该重工业企业得以投产,轻工业由于有了机器设备配备效率提高,工业化比例提高,对重工业的需求增加,重工业的市场规模扩大,可以支撑新的重工业企业投产,打破恶性循环,经济迈向高水平均衡。我们看到,由于重工业具有显著的规模经济和垂直外部性,苏联和中国通过重工业优先发展战略迅速工业化。苏联 1928—1940 年的平均年增长率高达 16.8%,考虑到通货膨胀等因素,学者把它调整为 10%～14%。中国实行重工业优先发展战略期间,社会总产值、工农业总产值和国民收入的平均年增长率分别达到 7.9%、8.2% 和 6.0%,建立了比较完整的工业体系,从以农业为主的国家变为以工业为主的国家。

但是苏联自 1958 年经济增长速度开始减缓,一直到后来难以为继,直至解体。中国虽然增长速度较快,但是轻重工业比例严重失调,消费品种类单一,人民生活水平并没有显著提高。为什么重工业优先发展战略后期会给经济造成种种恶果? 正如赫希曼后期进行反思,他认为如果只考虑后向和前向联系,那么就有可能有侧重重工业的倾向,而如果赋予了消费联系应有的作用,这种倾向就会消失。

第四章和第五章我们考虑了轻工业同样具有外部性。中间品和消费品的生产都需要一个前期投入,因此都具有规模经济。一种产品能否被生产,取决于对它的需求的大小。在这里,中间品和消费品的生产通过需求效应是相互促进的。容易理解,消费品种类和产量的增加,带来对中间品需求的增加。反过来,中间品种类和产量的增加提高收入水平,因此提高对消费品需求的增加。随着经济的增长,消费品占经济的比重越来越高,它的需求效应的作用也会越来越大,对重工业的补贴因此应该降低。由于忽略了轻工业的外部性,"以产为纲","为生产而生产",计划经济时代对重工业的补贴率高达 37.57%,且持续时间长达 25 年,因此造成了轻重工业比例的严重失调,消费品种类单一,到 1991 年为止,居民的效用贴现和仅为不实行这种战略下的 76.1%。但是我们也发现,如果考虑到轻工业的外部性,以所有人的长期福利为目标,实行合适的重工业优先发展战略,则对重工业的补贴率应该为 31%,而且到 1966 年就应该取消补贴,则到 1991 年,所有居民的效用贴现和比不实行重工业优先发展战略还高 1.85%。所以,目前对计划经济时期实行的重工业优先发展战略的批评,很大程度上是由于实践中重工业优先发展战略过头了。如果我们采取适当的重工业优先发展战略,那么它就有利于经济的发展和人民福利的提高。值得注意的是,我们这里的计算是在第四章和第五章的模型框架下进行的,它没有考虑重工业优先发展可能使经济逃离贫困陷阱所带来的效用,也没有考虑重工业优先发展对居民福利之外目标的作用,比如说强大的国防力量。

本书对计划经济时期的工业化道路的反思尚存在不足之处。我们的模型假设消费者和厂家是分散决策的,而中国计划经济时代消费者的消费受配给的影响,厂家的决策受政府计划的限制。但是,我们没有一个可用的中国计划经济时代的微观主体决策模型。如果说苏联的消费和生产都是政府计划决定的,那么中国计划经济时代离政府计划还差得很远,政府的各个层级以及微观行为主体都具有一定的自主性。我们承认我们的分散决策模型不是对中国现实的真实描述,但同时也认为,这个模型可以作为对中国现实的一个近似,在最低层次上,它也为我们理解现实提供了一个基准。

重工业由于具有显著的规模经济和外部性对于经济发展有特殊的意义,下面是本书的进一步研究方向。

第一,利用中国数据检验重工业对计划经济时代经济增长的贡献。一直到 20 世纪 80 年代中期,学者们一直无法解释增长回归方程中的"索罗残差"项,而只能将之简单归结为"技术进步",这主要是因为当时经济学中分析规模经济和不完全竞争的技术还没有出现。计划经济时代的全要素增长率较高,按照我们的理论,由于重工业具有显著的规模经济和外部性,建立比较完整的工业体系过程中整个社会的生产率大大提高。而这不单单是因为资本的积累,重工业和轻工业在经济中的作用是不一样的。

第二,检验中国建立比较完整的工业体系对于中国改革后的高速增长的贡献。张军(2005)认为,对于一个以工业化过度发展为特征的计划经济而言,"增量改革"或鼓励新兴工业部门横向进入所导致的直接结果是改善资源在部门间的配置效率。因此,在逻辑上,中国在改革后的高速增长似乎就应该是由资源在部门间的再配置所产生的静态收益增量来解释。他建立了一个很简单的理论框架,并且 1979—1994 年资本—产出比率的平均增长率为 -0.89%,这意味着全要素生产率(TFP)有一个显著的增长,所以这个增长可以用转轨初期的配置效率的改善过程来解释。但是张军(2005)使用资本—产出比率这个指标进行说明,我们希望对这个问题进行更加细致的研究。

第三,利用世界各国数据验证重工业优先发展是否有利于逃离贫困陷阱。当经济建立比较完整的工业基础,有可能逃离贫困陷阱;而经济工业基础非常薄弱时,很有可能一直陷于贫困陷阱,经济发展缓慢。

我们希望能够抛砖引玉,引发学者们探讨重工业在经济发展中的特殊意义以及政策建议对发展中国家的启示,探讨计划经济时期实行的发展战略对于当时以及对于中国经济发展的积极影响和消极影响。

主要参考文献

[1] 戴维·罗默. 高级宏观经济学[M]. 苏剑, 译. 北京: 商务印书馆, 1999.

[2] 且谷. 略论轻工业与农业、重工业的关系[J]. 经济研究, 1961(12).

[3] 邓宏图, 徐宝亮, 邹洋. 中国工业化的经济逻辑: 从重工业优先到比较优势战略[J]. 经济研究, 2018, 11: 17.

[4] 多马. 经济增长理论[M]. 北京: 商务印书馆, 1983.

[5] 龚六堂. 动态经济学方法[M]. 北京: 北京大学出版社, 2002.

[6] 郭继严. 社会主义再生产的比例关系与农业、轻工业、重工业的关系[J]. 经济研究, 1979(11).

[7] 国家统计局国民经济综合统计司编. 新中国五十年统计资料汇编[M]. 北京: 中国统计出版社, 1999.

[8] 贺菊煌. 关于生产资料优先增长的问题[J]. 经济研究, 1979(9).

[9] 洪银兴. 从比较优势到竞争优势——兼论国际贸易的比较利益理论的缺陷[J]. 经济研究, 1997(6).

[10] 惠元英. 大力发展轻工业, 满足人民需要[J]. 经济研究, 1979(12).

[11] 迈耶, 斯蒂格利茨. 发展经济学前沿——未来展望[M]. 本书翻译组, 译. 北京: 中国财政经济出版社, 2003.

[12] 毛泽东. 抗美援朝的伟大胜利和今后的任务[M]//毛泽东. 毛泽东选集: 第五卷. 北京: 人民出版社, 1977: 105.

[13] 李学曾. 我国经济学界近一年来关于社会主义再生产问题的讨论[J]. 经济研究, 1963(1).

[14] 联合国千年项目. 投资于发展: 实现千年发展目标的实际计划——概览[R].

纽约:联合国开发计划署,2005.

　　[15] 梁文森.速度、比例、最终产品[J].经济研究,1979(12).

　　[16] 列宁.论所谓市场问题[M]//列宁全集:第1卷.北京:人民出版社,1955.

　　[17] 刘国光.决定扩大再生产速度的几个基本因素之间的数量关系[J].江汉学报,1962(4).

　　[18] 刘恩钊.两大部类关系和生产资料生产优先增长[J].经济研究,1980(2).

　　[19] 林晨,陈斌开.重工业优先发展战略对经济发展的长期影响——基于历史投入产出表的理论和实证研究[J].经济学(季刊),2018,17(2):825-846.

　　[20] 林丕.忽视消费品生产不是马克思主义观点[J].经济研究,1979(6).

　　[21] 林毅夫.要素禀赋、比较优势与经济发展[J].中国改革,1999(8).

　　[22] 林毅夫,蔡昉,李周.中国的奇迹:发展战略与经济改革[M].上海:上海人民出版社,1999.

　　[23] 林毅夫,李永军.比较优势、竞争优势与发展中国家的发展[J].管理世界,2003(7).

　　[24] 鲁从明.两大部类生产增长速度快慢是不断交替的过程[J].经济研究,1980(5).

　　[25] 鲁济典.生产资料生产优先增长是一个客观规律吗? [J].经济研究,1979(11).

　　[26] 吕律平.关于加速发展轻工业的几个问题[J].经济研究,1980(1).

　　[27] 马镔.技术进步条件下生产资料的优先增长不能否定[J].经济研究,1980(3).

　　[28] 毛泽东.关于中华人民共和国宪法(草案)[N].人民日报,1954-6-16.

　　[29] 孟连.不能片面地把"生产资料生产优先增长"作为安排国民经济计划的出发点[J].经济研究,1979(9).

　　[30] 欧阳胜.论生产资料和消费资料的平衡[J].经济研究,1979(6).

　　[31] 邱曼萍,陈洪斌.如何跳出比较利益陷阱——论比较优势、竞争优势与经济发展[J].世界经济研究,1998(5).

　　[32] 斯大林.关于中央委员会的政治报告的结论[M]//斯大林全集.北京:人民出版社,1953.

[33] 徐建斌,尹翔硕.贸易条件恶化与比较优势战略的有效性[J].世界经济, 2002(1).

[34] 徐清军.论我国实施比较优势战略在未来外贸中的不适应性[J].现代财经 (天津财经大学学报),2000(10).

[35] 宋则行.关于社会生产两大部类之间数量关系的几个问题[J].经济研究, 1962(8).

[36] 谭崇台.发展经济学概论[M].武汉:武汉大学出版社,2001.

[37] 王梦奎.比例·计划·速度[J].经济研究,1980(6).

[38] 王梦奎.两大部类对比关系研究[J].北京:中国财政经济出版社,1983.

[39] 王永银.论以农轻重为序安排计划[J].经济研究,1980(7).

[40] 乌杰编.中国经济文库:综合理论卷1[M].北京:中央编译出版社,1995.

[41] 吴敬琏.中国增长模式抉择[M].上海:上海远东出版社,2006.

[42] 姚洋,郑东雅.外部性与重工业优先发展[J].南开经济研究,2007(4).

[43] 姚洋,郑东雅.重工业与经济发展:对计划经济的再考察[J].经济研究, 2008(4).

[44] 杨坚白.论国民经济根本性的比例关系[J].经济研究,1959(10).

[45] 杨坚白.试论农业、轻工业、重工业比例和消费、积累比例之间的内在联系 (下)[J].经济研究,1962(1).

[46] 杨圣明.谈谈消费的"生产"作用[J].经济研究,1979(12).

[47] 于光远.谈谈"社会主义经济目标理论"问题[J].经济研究,1979(11).

[48] 于光远编.中国理论经济学史:1949—1989[M].郑州:河南人民出版 社,1996.

[49] 约翰·伊特韦尔,默里·米尔盖特,彼得·纽曼.新帕尔格雷夫经济学大辞 典[M].陈岱孙等,译.北京:经济科学出版社,1996.

[50] 俞明仁.论农业、轻工业和重工业的相互关系[J].经济研究,1960(2).

[51] 赵德馨.中国近现代经济史:1949—1991[M].郑州:河南人民出版 社,2003.

[52] 张培刚. 农业与工业化[M]. 武汉:华中科技大学出版社,2009.

[53] 中共中央宣传部. 习近平新时代中国特色社会主义思想学习问答[M]. 北京:学习出版社,2021.

[54] Acemoglu D, Zilibotti F. Was Prometheus unbound by chance? risk, diversification and growth[J]. Journal of political economy,1997, 105(4):709 -751.

[55] Adams F G, Davis I M. The role of policy in economic development: comparisions of the East and Southeast Asian and Latin American experience[J]. Asian-Pacific economic literature,1994,8(1): 8 - 26.

[56] Azariadis C, Drazen A. Thresholds externalities in economic development [J]. Quarterly journal of economics,1990, 105(2): 501 - 526.

[57] Azariadis C, Stachurske J. Poverty traps[M]//Aghion P, Durlauf S N. Handbook of economic growth. Amsterdam: North-Holland. 2006.

[58] Basu K. Child labor: cause, consequences and cure, with remarks on International Labor Standards[J]. Journal of economic literature,1999,37(3):1083 - 1119.

[59] Banerjee A, Newman A. Occupational choices and the process of development[J]. Journal of political economy,1993,101(2):274 - 298.

[60] Becker G S, Murphy K M, Tamura R. Human capital, fertility and economic growth[J]. Journal of political economy,1990, 98(5):S12 - S37.

[61] Bernanke B, Gertler M. Agency costs, net worth and business fluctuations [J]. American economic review,1989,79 (1):14 - 31.

[62] Brezis E S, Krugman P R, Tsiddon D. Leapfrogging in international competition: a theory of cycles in national technological leadership[J]. American economic review, 1993, 83(5): 1211 - 1219.

[63] Chenery H B. Comparative advantage and development policy [J]. American economic review, 1961, 51(1): 18 - 51.

[64] Ciccone A, Matsuyama K. Start-up costs and pecuniary externalities in

economic development[J]. Journal of development economics,1996,49(1): 33 - 59.

[65] Corden, Max W. Trade policy and economic welfare [M]. Oxford: Clarendon Press, 1997.

[66] Diamond P A. Aggregate demand management in search equilibrium[J]. Journal of political economy,1982,90(5):881 - 894.

[67] Dixit A, Stiglitz J. Monopolistic competition and optimum product diversity[J]. American economic review,1977,67(3):297 - 308.

[68] Doepke M, Zilibotti F. The macroeconomics of child labor regulation[J]. American economic review, 2005,95(5):1492 - 1524.

[69] Ethier W. National and international returns to scale in the modern theory of international trade[J]. American economic review,1982,72(3):389 - 405.

[70] Gerschenkron A. Europe in the Russian mirror: four lectures in economic history[M]. Cambridge: Cambridge University Press, 1970.

[71] Hirschman A. The strategy of economic development[M]. New Haven: Yale University Press,1958.

[72] Krugman, P. "History vs. expectations,"[R]. NBER working paper, 1989. No. 2971.

[73] Krugman P. Development, geography, and economic theory [M]. Cambridge, Massachusetts: The MIT Press, 1995.

[74] Little Ian M D. Economic development [M]. New York: Basic Books,1982.

[75] Lucas R E. On the mechanics of economic development[J]. Journal of monetary economics, 1988, 22(1): 3 - 42.

[76] Makris M. Necessary conditions for infinite-horizon discounted two-stage optimal control problems[J]. Journal of economic dynamics & control, 2001, 25 (12):1935 - 1950.

[77] Matsui A, Matsuyama K. An approach to equilibrium selection [J].

Journal of economic theory, 1995, 65(2):415 - 434.

[78] Matsuyama K. Increasing returns, industrialization and indeterminacy of equilibrium[J]. Quarterly journal of economics, 1991,106(2):617 - 650.

[79] Matsuyama K. Economic development as coordination problems[M]//Aoki M, Kim H-K, Okuno-Fujiwara M. (eds.) The role of government in East Asian economic development: comparative institutional analysis. Oxford: Clarendon Press, 1996.

[80] Matsuyama K. The 1996 Nakahara lecture: complementarity, instability and multiplicity[J]. Japanese economic review, 1997, 48:240 - 266.

[81] Matsuyama K. Economic development with endogenous retirement[J]. Discussion papers, 1998(8): 466 - 467.

[82] Matsuyama K. The rise of mass consumption societies[J]. Journal of political economy, 2002,110(5):1035 - 1070.

[83] Matsuyama K. Financial market globalization, symmetry-breaking and endogenous inequality of nations[J]. Econometrica, 2004,72(3):853 - 884.

[84] Matsuyama K. Credit traps and credit cycles[J]. American economic review, 2007, 97(1):503 - 516.

[85] Matsuyama K. Poverty trap[M]//Blume L, Durlauf S. The new palgrave dictionary of economics (2nd Edition) London: Plalgrave Macmillan, 2008.

[86] Murphy K M, Shleifer A, Vishny R W. Industrialization and the Big Push [J]. Journal of political economy,1989,97(5):1003 - 1026.

[87] Nelson R R. A Theory of the low level equilibrium trap in underdeveloped economies[J]. American economic review, 1956, 46(5): 894 - 908.

[88] Nurkse R. Problems of capital fomation in underdeveloped countries[M]. New York: Oxford University Press, 1953.

[89] Olivera J H G. On structural inflation and Latin-American "structuralism" [J]. Oxford economic papers, 1964, 16(3):321 - 332.

[90] Romer P M. Growth based on increasing returns due to specialization[J]. American economic review,1987,77(2):56 - 62.

[91] Rosenstein-Rodan P N. Problems of industrialisation of Eastern and South-Eastern Europe[J]. The economic journal, 1943, 53, (210/211):202 - 211.

[92] Rosenstein-Rodan P N. Notes on the theory of the Big Push[M]//Ellis H S. Economic development for Latin America,New York: St Martin Press,1961.

[93] Sachs J. Ending Africa's poverty trap[J]. Brookings papers on economic activity, 2004,(1): 117 - 240.

[94] Saint-Paul G. Technology choice, financial markets and economic development [J]. European economic review, 1992, 36(4): 763 - 781.

[95] Stokey N L. Learning by doing and the introduction of new goods[J]. Journal of political economy, 1988, 96(4): 701 - 717.

[96] Streeton P. Development dichotomies [M]//Meier G D. Pioneers in development. New York: Oxford University Press, 1984.

[97] Tirole J. A theory of collection reputation[J]. Review of economic studies, 1996,63(1):1 - 22.

[98] Tomiyama K. Two-stage optimal control problems and optimality conditions [J]. Journal of economic dynamics & control, 1985, 9(3): 317 - 337.

[99] Tomiyama K, Rossana R J. Two-stage optimal control problems with an explicit switch point dependence: optimality criteria and an example of delivery lags and investment [J]. Journal of economic dynamics & control, 1989, 13 (3): 319 - 337.

[100] Xie Danyang. An endogenous growth model with expanding ranges of consumer goods and producer durables[J]. International economic review, 1998, 39 (2): 439 - 460.

[101] Young A. Increasing returns and economic progress [J]. Economic journal, 1928, 38: 527 - 542.

附录 1 市场规模、劳动分工和内生增长模型
——兼论内生增长理论是否误解了 Young?[①]

摘要 本文构建了最终品和中间品种类不断变化的动态一般均衡模型,探讨市场规模、劳动分工和内生增长之间的关系,并且分析了内生增长理论和 Young 的区别。本文的研究表明,即使没有研发,劳动分工也会内生增长,内生增长的机制在于启动"劳动分工深化—市场规模扩大—劳动分工更加深化"的自我持续过程。本文构建的模型清晰地表明内生增长理论在内生增长的源泉和机制方面与 Young 的不同。这具有重要的现实意义,按照内生增长理论,要实现长期增长只需要增加专利数目即可,而按照本文构建的模型和 Young 的思想,要实现长期增长关键在于增加符合市场需求的专利数目,从而可以启动劳动分工与市场规模不断深化的自我持续过程。

关键词 内生增长理论 劳动分工 规模效应

一、引 言

经济增长的源泉是什么? 为什么在资本规模报酬递减的情况下经济仍会长期增长? Romer(1986)和 Lucas(1988)等人开创的内生增长理论致力于研究该问题。内生增长理论认为当经济存在研发部门,新思想的产生可以提高生产效率从而抵消资本规模报酬递减,经济可以获得长期增长。第一代内生增长理论意味着存在规模经

---

① 该文发表在《世界经济文汇》2015 年第 5 期,略作修改。

济,因为如果经济中从事研发的人口比例固定,一国人口规模越大,该国从事研发的人员越多,研发的增长率越高,从而经济增长率也越高。然而 Jones(1995)发现美国从事研发的科学家和工程师人数从 1950 年的 20 万增加到 1987 年的 100 万,但是全要素生产率增长率变化相对于五倍来说很小(详见图 A1.1)。Jones(1995)提出的经验事实意味着第一代内生增长理论的终结。Jones(1995)、Segerstrom(1999)和Ragot(2003)等人致力于发展第二代内生增长理论以消除规模经济。第二代内生增长理论假设新发明的发现过程由易到难,随着现有知识存量的增加,相同研发人员的新发明数目减少,从而消除规模经济。但是目前的文献并没有注意到第二代内生增长理论为了消除规模经济做出的关键假设并不符合现实情况。根据美国专利局发布的新发明的数据,我们发现新发明的数量增长的幅度甚至超过科学家和工程师人数增长的幅度,新发明从 1950 年的 911 件增加到 1987 年的 5 847 件,增加了 6 倍多;而同期从事研发的科学家和工程师只增加了 5 倍左右(详见图 A1.2)。这说明第二代内生增长理论的关键假设——相同研发人员的新发明数目会随着知识存量的增加而减少——与经验事实不符。内生增长理论该何去何从?

本文认为目前内生增长理论存在几个问题。首先长期增长是否只来源于新发明的增长? 其次即使新发明的增长带来了长期增长,那么是否像目前内生增长理论只关注新发明的生产函数就可以呢? 是不是只要新发明的供给增加了就一定会带来长期增长? 本文构建了一个具有内生增长机制的动态一般均衡模型,内生增长机制和现有的内生增长理论不同,并且不违反 Jones 和图 A1.2 提出的经验事实。为了清晰地看出本文构建的模型经济增长的源泉和机制与内生增长模型不同,本文假设没有研发部门。我们假设存在劳动分工,这里劳动分工主要表示为企业间分工,最终品和中间品种类可以变化,企业间的分工主要由市场规模决定。经济长期增长的源泉来自劳动分工;长期增长的机制是劳动分工会带来生产率的提高从而扩大市场规模,而市场规模扩大又会带来劳动分工的深化,劳动分工的深化又会扩大市场规模,这是一个自我持续的过程,会带来长期增长。如果一国人口规模大,这会增加市场规模的绝对值,但不会影响市场规模的增长率,从而不会影响长期经济增长率,所以本文构造的模型不具有规模经济,符合 Jones 提出的经验事实。另外,在本文构建的模型中长期增长的源泉来自劳动分工,长期增长率也不取决于新发明的增长率,所以不违反图 A1.2 提出的经验事实。

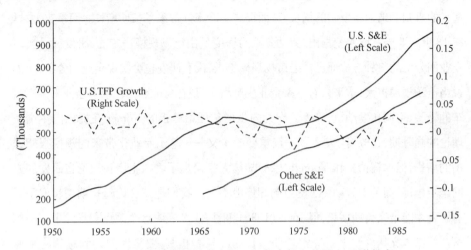

图 A1. 1　从事研发的科学家和工程师人数和美国 TFP 增长率

注释:资料来源于 Jones(1995)。

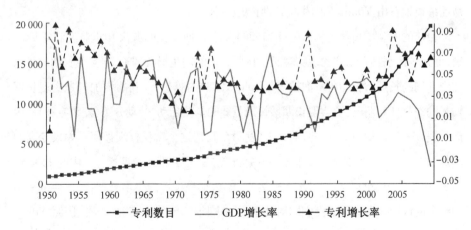

图 A1. 2　美国的新发明数量、专利增长率和 GDP 增长率

注释:新发明数据来自美国专利局。

　　实际上本文构建的模型的思想可以追溯到 Young(1928)的文章。Young 认为长期增长的源泉在于劳动分工,并且把亚当·斯密的企业内分工扩展到企业间分工,长期增长的机制是"劳动分工很大程度上是由劳动分工决定的"。虽然 Romer(1986)等人提出内生增长理论时明确指出是以 Young 的思想为起点的,但在本文看来内生增长理论误解了 Young 的思想。内生增长理论把长期增长的源泉归结为研发,把长期增长的机制归结为新发明的增长,从而提高生产率并带来了长期增长。而事实上,早在 18 世纪亚当·斯密就指出,劳动分工的程度是由市场规模决定的,研发只是实现企业间分工的一种方式而已。当市场规模扩大,没有研发也会实现企业间分工,比如说当市场规模扩大,本来只有一家企业生产汽车,现在可能会出现很多企业来生产汽车的轮胎、空调和发动机,等等。作为内生增长理论鼻祖的 Romer 在提出内生增长理论的同时期(1987 年)发表了一篇重要的论文——基于专业化带来的规模报酬递增的增长,但这篇论文和 Young(1928)却被大家遗忘了。内生增长理论在研发的方向越走越远,而关于劳动分工的方向却停滞不前。我们现在谈论起长期增长似乎只有研发才能带来长期增长,但 Jones(1995)和图 A1.2 表明这个观点和经验事实不相符。所以本文认为要重新探索长期增长的源泉和机制,要重新回归到思想的来源 Young(1928),把 Young 关于长期增长的内在机制用动态一般均衡的方式重新表述,从而清晰地看出 Young 和内生增长理论的区别。

目前的内生增长理论和 Young(1928)关于长期增长的源泉和机制存在重要区别,而这种区别具有重要的现实意义。按照目前的内生增长理论,要实现长期增长只需要专利的长期增长即可。而按照 Young(1928)的思想,专利的增加只是实现长期增长的一个环节而已,要实现长期增长最重要的是要启动"劳动分工(发明专利)—生产率提高—市场规模扩大—劳动分工(发明专利)"这个自我持续过程。如果专利的增加没有带来生产率的提高,那么单纯专利增加并不会带来长期增长。中国 2003 年至 2009 年新申请的专利年增长率高达 21.9%,如果按照内生增长理论,这会带来中国经济的快速增长;但是我们同时也看到中国很多专利被束之高阁,按照 Young (1928)的思想,被束之高阁的专利并不能启动会带来长期增长的自我持续过程,专利的快速增长并不能带来中国经济的快速增长。所以要通过创建创新型经济带来长期增长,关键不在于专利数目,而在于专利要符合市场需求、能够提高生产率以及启动自我持续过程。

本文结构如下:第二节介绍基本模型,模型假设没有研发部门,只有最终品和中间品种类的变化;第三节分析平衡增长路径上是否具有长期增长以及是否具有规模效应;第四节分析模型中长期增长的源泉和机制,并且把 Young 的思想和内生增长理论进行比较;最后进行总结。

二、模型框架

为了清晰地体现本文构建的模型和内生增长理论不同,本文假设没有研发部门,但存在劳动分工。这里的劳动分工主要体现为企业间分工,最终品和中间品的种类增加代表企业间分工更加深化。最终品部门和中间品部门垄断竞争,投资新的最终品和中间品的生产需要先投资一定的资本品作为固定成本,这个固定成本可以理解为 Romer 的研发成本(要生产新商品需要购买新设计作为固定成本),也可以理解为亚当·斯密所说的为了便利进一步劳动分工所需要的机器设备。由于我们假设没有研发部门,所以本文倾向于解释为后者。如果最终品企业或中间品企业未来利润贴现和超过固定成本,潜在进入者就会进入最终品行业或中间品行业,此时最终品种类或中间品种类就会增加,这意味着劳动分工(企业间分工)深化。我们的模型设定反映了亚当·斯密的"劳动分工由市场规模决定"的定理和"劳动分工提高生产率"的思想。本文模型分析的是不需要研发而只是因为市场规模扩大带来企业间分工的情况,以表明即使没有研发也能带来长期增长。当然本文的模型也可以很容易地推广到由研发带来的企业间分工的情况。

(一) 代表性消费者

假设封闭型经济初始人口为 L,以不变的增长率 η 增加,t 时刻人口为 $L_t = \mathrm{e}^{\eta t}L$。每个人每一时刻无弹性地提供一单位的劳动力,每个人平均拥有对所有最终品企业和中间品企业的所有权。代表性消费者最大化效用贴现和:

$$U = \int_0^\infty \mathrm{e}^{-\rho t}u_t\mathrm{d}t \tag{A1.1}$$

其中 ρ 是贴现率,代表消费的跨期替代弹性;u_t 为 t 时刻代表性消费者的即期效用,它采用 Dixit-Stiglitz(1977)的常替代弹性函数形式:

$$u_t = \int_0^{n_t} c_{ti}^{(\alpha-1)/\alpha} \mathrm{d}i \qquad \alpha > 1 \qquad\qquad (A1.2)$$

其中 c_{ti} 表示 t 时刻第 i 种最终品的人均消费量；最终品部门由一系列最终品企业组成，最终品种类是 $[0, n_t]$ 的连续统，n_t 表示 t 时刻存在的最终品的种类，它对于代表性消费者来说是外生给定的；α 为任意两种最终品的替代弹性，$\alpha > 1$ 表示没有一种最终品是必需的。常替代弹性函数表明消费者偏好多样性，也就是说，假设最终品对称性，消费相同的总消费量 $C_t = n_t c_{ti}$，随着最终品种类 n_t 增加，消费者的效用 $u_t = n_t^{1/\alpha} C_t^{(\alpha-1)/\alpha}$ 增加。这类似于 Young(1998)，随着收入提高，为实现相同的目标会出现越来越多的方法，消费品多样化可以提高效用水平。

我们先来看看代表性消费者的当期优化行为，任一时刻对于代表性消费者来说，各种最终品的价格和最终品的种类都是外生给定的，支出为 E_t，通过分配现有的最终品种类的消费来最大化当期效用水平 u_t。

$$\mathrm{Max}_{c_{ti}} u_t = \int_0^{n_t} c_{ti}^{(\alpha-1)/\alpha} \mathrm{d}i$$

$$\mathrm{s.\,t.} \quad \int_0^{n_t} p_{ti} c_{ti} \mathrm{d}i = E_t \qquad\qquad (A1.3)$$

我们可以得到 $c_{ti} = (p_{ti}^{-\alpha} / \int_0^{n_t} p_{ti}^{1-\alpha} \mathrm{d}i) E_t$，每种最终品的需求随该商品价格的上升而下降，每种最终品需求的价格弹性均为 α。

我们再来看看代表性消费者的跨期优化行为，消费者在预算约束下决定任一时刻每种最终品的消费量来最大化效用贴现和：

$$\mathrm{Max}_{c_{ti}} \int_0^\infty \mathrm{e}^{-\rho t} \int_0^{n_t} c_{ti}^{(\alpha-1)/\alpha} \mathrm{d}i \mathrm{d}t$$

$$\mathrm{s.\,t.} \quad \dot{a}_t = w_t + r_t a_t - \int_0^{n_t} p_{ti} c_{ti} \mathrm{d}i \qquad\qquad (A1.4)$$

其中 a_t 表示人均财富，它是每个人对所有最终品企业和中间品企业拥有的所有权，w_t 代表工资，r_t 代表最终品企业和中间品企业的当期回报率。任一时刻消费者获得工资收入和财富回报收入，一部分用于消费，一部分用来增加财富，该等式为跨期预算约束。

我们可以得到这个跨期优化问题的欧拉方程：

$$\dot{c}_{ti}/c_{ti} = \alpha(r_t - \rho - \dot{p}_{ti}/p_{ti}) \tag{A1.5}$$

市场利率越高，消费者会压低当前消费进行更多的储蓄，从而未来消费更多，所以人均消费增长。当最终品价格增长率越高，那么消费者会增加当前对该最终品的消费，从而未来消费减少，所以该最终品的消费增长率下降。由于一般模型把最终品价格标准化为1，所以这一项消失。

（二）最终品部门

每种最终品只有一个厂商可以进行生产，最终品部门垄断竞争。投资新的最终品企业需要先投资一定的资本品作为固定投资，这个固定投资是亚当·斯密所说的为了便利进一步劳动分工所需要的机器设备。由于随着经济的发展，进一步的劳动分工所需要的机器设备越来越复杂，机器设备生产需要越来越多的中间品，所以随着中间品种类越多，固定投资越大，假定该固定投资为 $m_t F_2$。然后最终品厂商使用劳动力和一系列中间品来生产最终品。对于最终品厂商来说，中间品种类是外生给定的。

$$Y_{ti} = L_{ti}^{1/\beta} \Big[\int_0^{m_t} x_{tij}^{(\beta-1)/\beta} \mathrm{d}j \Big] \quad \beta > 1 \tag{A1.6}$$

其中 Y_{ti} 代表 t 时刻第 i 种最终品的产量，L_{ti} 代表 t 时刻生产第 i 种最终品所需要的劳动力的数量，x_{tij} 代表 t 时刻生产第 i 种最终品所需的第 j 种中间品数量；中间品部门由一系列中间品企业组成，中间品用来生产最终品，中间品种类是 $[0, m_t]$ 的连续统，m_t 代表 t 时刻存在的中间品种类；β 为任意两种中间品的替代弹性，每一种中间品都是其他中间品的不完美替代品，$\beta > 1$ 意味着没有一种中间品是必须的。不管其他中间品是否存在，每种中间品都是有用的。β 越小代表中间品的替代弹性越小，也就是说中间品的专用性越强，它类似于 Young(1998) 质量提高模型中每一次创新对质量提高的幅度，它代表每一次劳动分工行业专业化的程度，本文假定它是外生的。

该生产函数采用 Ethier(1982) 的常替代弹性函数，我们看到收益递增来自两个方面。一方面由于固定成本产生规模报酬递增，企业规模越大，生产成本越低，这类似于亚当·斯密的企业内的劳动分工。另一方面就是 Young 把亚当·斯密的企业内分工拓展到行业分工造成的收益递增。如果中间品种类增加，那么由于中间品的专业化程度越高，生产率越高。如果劳动投入 L_t 和总的中间品投入的数量 $X_{ti}=m_t x_{tij}$ 不变，假设中间品的对称性，随着中间品种类 m_t 的增加，产出 $Y_{ti}=L_{ti}^{1/\beta} m_t^{1/\beta} X_{ti}$ 也会增加。这意味着劳动分工越深化，最终品的生产率越高。同时我们看到 β 越小，每一次劳动分工行业专业化的程度越高，也就是说行业专用性越强，产出提高得越快。

决定投资新的最终品以后，任一时刻最终品厂商最大化其利润，面临需求弹性不变的向下倾斜的需求曲线，垄断竞争厂商制定最终品的价格，同时面对外生的工资、中间品价格和中间品种类以最低的成本来生产最终品，我们很容易可以得到垄断竞争最终品厂商对最终品的定价 p_{ti}、边际成本 cc_{ti}、对劳动力的需求 L_{ti} 和中间品的需求 x_{tij} 以及利润 π_{ti}：

$$p_{ti}(1-1/\alpha)=cc_{ti} \tag{A1.7}$$

$$cc_{ti}=(1/\beta)^{-1/\beta}\times[(\beta-1)/\beta]^{-(\beta-1)/\beta}\times$$
$$w_t^{1/\beta}\times\left[\left(\int_0^{m_t}p_{tj}^{1-\beta}\mathrm{d}j\right)^{1/(1-\beta)}\right]^{(\beta-1)/\beta} \tag{A1.8}$$

$$L_{ti}=1/\beta\times cc_{ti}\times Y_{ti}/w_t \tag{A1.9}$$

$$x_{tij}=(\beta-1)/\beta\times cc_{ti}\times Y_{ti}\times p_{tj}^{-\beta}/\int_0^{m_t}p_{tj}^{1-\beta}\mathrm{d}j \tag{A1.10}$$

$$\pi_{ti}=(p_{ti}-cc_{ti})Y_{ti}=1/\alpha\times p_{ti}\times Y_{ti} \tag{A1.11}$$

根据等式（A1.10），我们可以得到每种中间品的需求弹性为 β。根据等式（A1.8），由于每种最终品厂商面临的工资、各种中间品的价格和中间品的种类都相等，所以每种最终品的边际成本都相等。如果中间品对称，等式（A1.7）可以简化为 $cc_{ti}=(1/\beta)^{-1/\beta}\times[(\beta-1)/\beta]^{-(\beta-1)/\beta}\times m_t^{-1/\beta}\times w_t^{1/\beta}*p_{tj}^{(\beta-1)/\beta}$，随着中间品种类的增加，最终品的边际成本减少。这反映了亚当·斯密的"劳动分工提高生产率"的思想，劳动分工越细致，生产率越高，当然边际成本越低。根据等式（A1.11），随着中间品种类越多，最终品的边际成本越低，从而最终品厂商的利润会越高。

根据等式(A1.7),由于所有最终品的需求弹性都为 α,所以每种最终品的价格都相等。根据等式(A1.9)、(A1.10)和(A1.11)我们看到每种最终品都是对称的。我们把最终品的价格标准化为1。也就是说,令 $p_{ti}=1$。等式(A1.5)变为我们熟悉的欧拉方程:

$$\dot{c}_{ti}/c_{ti}=\alpha(r_t-\rho) \tag{A1.12}$$

任一时刻,潜在投资者决定是否要进入最终品部门,只要未来利润贴现和能够覆盖固定成本,潜在投资者就会进入,最终品种类就会增加。潜在投资者停止进入最终品部门的条件是:

$$V_{ti} = \int_t^\infty e^{-(R_\tau-R_t)}\pi_{\tau i}d\tau = n_t F_1 \tag{A1.13}$$

其中 V_{ti} 表示 t 时刻最终品企业的价值,它是未来所有利润的贴现和,$R_t = \int_0^1 r_\tau d\tau$,即在0期投资的1单位产品在 t 期产生 e^R 单位的产品,r_t 为第 t 期市场利率。

根据等式(A1.11)和(A1.13),如果最终品的市场规模扩大,最终品企业的利润就会增加,未来利润贴现和就会超过固定成本,潜在投资者就会进入最终品部门,直到未来利润贴现和等于固定成本为止,从而最终品种类增加。这反映了亚当·斯密的"劳动分工由市场规模决定"的定理。

(三) 中间品部门

每种中间品只有一个厂商可以进行生产,中间品部门垄断竞争。同样投资新的中间品,企业需要先投资一定的资本品作为固定投资,类似的我们假设该固定投资为 $m_t F_2$。然后中间品厂商使用劳动力来生产中间品,每投入一单位的劳动力能够得到超过一单位($k>1$)的中间品。

$$x_{tj}=kL_{tj} \qquad k>1 \tag{A1.14}$$

其中 x_{tj} 代表 t 时刻第 j 种中间品的产量,L_{tj} 代表 t 时刻生产第 j 种中间品所需要的劳动力的数量。

同样垄断竞争的中间品厂商面临外生的工资和需求弹性,从厂商利润最大化行为我们很容易可以得到垄断竞争中间品厂商对中间品的定价 p_{tj}、对劳动力的需求 L_{tj} 以及利润 π_{tj}：

$$p_{tj}(1-1/\beta)=1/k\times w_t \tag{A1.15}$$

$$L_{tj}=1/k\times x_{tj} \tag{A1.16}$$

$$\pi_{tj}=(p_{tj}-cc_{tj})x_{tj}=1/\beta\times p_{tj}\times x_{tj} \tag{A1.17}$$

根据等式(A1.15)，由于每种中间品的边际成本和需求弹性都相等，所以所有的中间品价格都相等。从等式(A1.15)和(A1.16)我们看到每种中间品都是对称的。

任一时刻，潜在投资者决定是否要进入中间品部门，类似的，潜在投资者停止进入中间品部门的条件是：

$$V_{tj}=\int_t^\infty e^{-(R_\tau-R_t)}\pi_{\tau j}\,d\tau=m_t F_2 \tag{A1.18}$$

其中 V_{tj} 表示 t 时刻中间品企业 j 的价值。

类似的，根据等式(A1.17)和等式(A1.18)，我们也可以看到，如果中间品的市场规模扩大，中间品企业的利润就会增加，中间品企业的利润贴现和就会超过固定成本，潜在进入者就会进入中间品市场，直到中间品企业的利润贴现和等于固定成本为止，从而中间品种类增加。中间品的市场规模决定了中间品的种类，这也同样反映了亚当·斯密的"劳动分工由市场规模决定"的定理。

(四) 均衡条件

分散经济中，每个人都把自己不能控制的变量当作外生给定的：消费者把工资、利率和最终品种类当作给定的；最终品厂商把工资、中间品价格和中间品种类当作给定的；中间品厂商把工资当作给定的。任一时刻，消费者最大化效用，厂商最大化利润。当所有市场需求等于供给时，经济达到均衡。此时我们可以得到最终品产量、中间品产量、各部门对劳动力的需求以及最终品种类和中间品种类。

我们先来看看第 j 种中间品市场出清条件，每个最终品企业对第 j 种中间品的需求之和等于第 j 种中间品厂商的供给。

$$x_{tj}=\int_0^{n_t} x_{tij}\,di \tag{A1.19}$$

我们再来看看劳动力市场,劳动力需求量来自最终品部门和中间品部门。

$$L_t = \int_0^{n_t} L_{ti} di + \int_0^{m_t} L_{tj} dj \tag{A1.20}$$

根据等式(A1.7)、(A1.8)、(A1.9)、(A1.10)、(A1.15)、(A1.16)、(A1.19)和(A1.20)我们可以得到:

$$Y_t = n_t Y_{ti} = A L_t\, m_t^{1/\beta} \tag{A1.21}$$

其中令 $A = [k(\beta-1)^2/\beta]^{(\beta-1)/\beta}[1+(\beta-1)^2/\beta]^{-1}$,由外生参数决定。显然,中间品种类增加会增加劳动生产率,从而增加整个社会的产量,由于均衡时供给等于需求,这也增加了市场规模。这又反映了"劳动分工决定市场规模"。

任一时刻,国民生产总值一部分用来消费一部分用来投资:

$$\int_0^{n_t} p_{ti} Y_{ti} di = \int_0^1 p_{ti} c_{ti} L di + I_t \tag{A1.22}$$

其中国民生产总值为所有最终品的产值,右边第一项为所有最终品用于消费的值,I_t 代表 t 时刻用于投资的部分,以上都是价值概念。t 时刻整个社会资本存量 $K_t = \int_0^t I_\tau d\tau$。由于每种最终品对称以及最终品价格标准化为 1,所以可以简化为:

$$Y_t = n_t Y_{ti} = n_t c_{ti} L + I_t \tag{A1.23}$$

资本品市场的出清条件为:

$$I_t = \dot{n}_t n_t F_1 + \dot{m}_t m_t F_2 \tag{A1.24}$$

其中右边第一项为用于新增的最终品厂商所需的固定投资,第二项为用于新增的中间品厂商所需的固定投资。

除了各产品和要素市场出清外,均衡时还要求潜在进入者停止进入最终品市场和中间品市场,则意味着要满足等(A1.13)和(A1.18)。对等式(A1.13)求导经过化简我们可以得到 $(\pi_{ti}+\dot{V}_{ti})/V_{ti}=\dot{R}_t$,即企业的当期回报率不仅包括当期利润率,而且包括此时出售该企业的收益率;把等式(A1.13)代入上式,我们可以得到:

$$r_t = \dot{R}_t = \pi_{ti}/(m_t F_1) + \dot{m}_t/m_t \tag{A1.25}$$

同理根据等式(A1. 18)我们可以得到 $r_t = \pi_{tj}/(m_t F_2) + \dot{m}_t/m_t$。所以 $\pi_{ti}/F_1 = \pi_{tj}/F_2$。根据等式(A1. 11)和(A1. 17)我们可以得到：

$$n_t/m_t = \beta^2/[(\alpha-1)(\beta-1)] \times F_2/F_1 \qquad (A1. 26)$$

把上式代入等式(A1. 24)，我们可以得到 $\dot{m}_t m_t F_2 = \{1 + \beta^2/[(\alpha-1)(\beta-1)]\}^{-1} I_t$。

对上式积分，我们可以得到最终品种类和中间品种类与资本存量的关系：

$$m_t = \{2/[(1+\phi_t)F_2]\}^{1/2} K_t^{1/2} = \phi_m K_t^{1/2} \qquad (A1. 27)$$

$$n_t = \phi_t F_1/F_2 \phi_m K_t^{1/2} = \phi_n K_t^{1/2} \qquad (A1. 28)$$

其中 $\phi_t = \beta^2/(\alpha-1)(\beta-1)$，$\phi_m = \{2/[(1+\phi_t)F_2]\}^{1/2}$，$\phi_n = \phi_t F_1/F_2 \phi_m$。

潜在投资者任一时刻都会同时进入最终品部门和中间品部门。如果潜在进入者进入中间品部门，由于中间品种类增加、生产率提高，最终品的边际成本下降，最终品企业的利润增加，所以潜在投资者也进入最终品部门。分散经济下，任一时刻最终品种类和中间品种类成一固定比例，这与我们的设置有关。一方面，由于最终品投资和中间品投资所需要的固定成本成固定比例，并且任一时刻都可以自由进入最终品部门和中间品部门，所以最终品企业和中间品企业任一时刻利润成固定比例；另一方面，由于最终品的柯布-道格拉斯生产函数以及最终品企业和中间品企业垄断竞争的利润是销售收入的一个固定加成，最终品部门和中间品部门的利润成固定比例，所以最终品种类和中间品种类任一时刻都成固定比例。

三、平衡增长路径上的性质和规模效应

上一节我们构建了没有研发部门但是存在劳动分工的动态一般均衡模型，这一节我们来看看这样构建的模型是否存在长期增长，并且长期增长是否存在规模效应，是否违反 Jones(1995)和本文图 A1. 2 提出的经验事实。

根据等式(A1. 11)、(A1. 12)、(A1. 21)、(A1. 24)、(A1. 25)和(A1. 27)，模型的动态方程为：

$$\dot{c}_{ti}/c_{ti}=\alpha(r_t-\rho)$$

$$=\alpha[\phi_r L_t\, K_t^{1/(2\beta)-1}+1/2\,\dot{K}_t/K_t-\rho] \tag{A1.29}$$

$$\dot{K}_t/K_t=(n_t Y_{ti}-n_t c_{ti}L_t)/K_t$$

$$=\phi_Y L_t\, K_t^{1/(2\beta)-1}-\phi_n\, K_t^{-1/2}c_{ti}L_t \tag{A1.30}$$

其中 $Y_t=\phi_Y L_t\, K_t^{1/(2\beta)}$，$\phi_Y=A\phi_m^{1/\beta}$ 和 $\phi_r=\phi_Y/(\alpha\phi_m\phi_n F_1)$ 均由外生参数决定。

处于平衡增长路径意味着所有内生变量的增长率都为常数，显然上述动态方程存在平衡增长路径。根据等式 (A1.29)，所有内生变量的增长率为常数意味着 $r_t=\phi_r L_t\, K_t^{1/(2\beta)-1}$ 为常数，我们可以得到 $g_K=[2\beta/(2\beta-1)]\eta$。根据等式 (A1.30)，我们可以得到资本产量比为常数，所以 $g_Y=g_K=[2\beta/(2\beta-1)]\eta$。由此我们可以得到人均产出增长率为：

$$g_y=1/(2\beta-1)\eta \tag{A1.31}$$

上式表明本文构建的模型即使没有研发部门也依然存在长期增长，长期增长率由人口增长率 η 和中间品替代弹性 β 决定。当人口增长率为 0 时，长期经济增长率为 0。事实上，正如亚当·斯密所指出的，劳动分工受到市场规模的限制，由于人口规模不变，技术不变，所以市场规模不变，劳动分工程度也就确定了，劳动分工达到一定程度后，经济不再增长。但是当人口增长率不为 0 时，根据等式 (A1.21)，$Y_t=n_t Y_{ti}=AL_t\, m_t^{1/\beta}$，市场规模会增加；根据等式 (A1.10)，$x_{tij}=(\beta-1)/\beta\times\alpha c_{ti}\times Y_{ti}\times p_{tj}^{-\beta}/\int_0^{m_t} p_{tj}^{1-\beta}\mathrm{d}j$，这会增加最终品 i 对中间品 j 的需求；根据等式 (A1.19)，$x_{tj}=\int_0^{n_t} x_{tij}\mathrm{d}i$，每种最终品 i 都增加了中间品 j 的需求从而带来中间品 j 的供给增加；根据等式 (A1.17)，$\pi_{tj}=(p_{tj}-cc_{tj})x_{tj}=1/\beta\times p_{tj}\times x_{tj}$，中间品厂商的利润增加，并且未来中间品厂商的利润会一直增加；根据等式 (A1.18)，$V_{tj}=\int_t^{\infty} e^{-(R_\tau-R_t)}\pi_{tj}\mathrm{d}\tau=m_t F_2$，现有厂商的利润贴现和会超过固定成本从而赚取超额利润，此时潜在投资者会进入市场，中间品种类增加。随着人口的增加，市场规模扩大带来了劳动分工的深化和生产率的提高，所以即使没有研发部门，经济依然会实现长期增长。

现在我们来看一下平衡增长路径上的规模效应。考虑两个经济体 A 和 B，人均

财富 a_t 和人口增长率等其他条件都相同,唯一的区别是经济体 A 的人口规模是 B 的两倍,根据等式(A1.21)和(A1.27),我们可以得到人均产出:

$$y_t = A m_t^{1/\beta} = \phi_Y K_t^{1/(2\beta)} = \phi_Y a_t^{1/(2\beta)} L_t^{1/(2\beta)} \tag{A1.32}$$

我们可以看到经济体 A 的人均产出是 B 的 $2^{1/(2\beta)}$ 倍。但根据等式(A1.31),由于经济体 A 和 B 的人口增长率相同,所以经济体 A 和 B 的长期增长率相同。也就是说,人口规模扩大只有水平效应没有增长效应,这意味着我们的内生增长模型消除了规模效应,经济增长速度不会随着人口规模的增加而增加。我们来看一下背后的逻辑。经济体 A 的人口规模是 B 的两倍,由于人均收入相同,所以经济体 A 整个社会的总收入增加一倍,对最终品和中间品的需求增加一倍,最终品和中间品厂商利润增加一倍。根据等式(A1.13)和(A1.18),如果其他情况相同,由于利润增加一倍,只有当经济体 A 的中间品种类是经济体 B 的两倍时,潜在投资者才会停止进入,这说明人口规模扩大有水平效应。但是根据等式(A1.25),我们发现最终品种类和中间品种类的增长率不仅和市场规模有关,而且还和中间品种类有关,经济体 A 虽然市场规模扩大了一倍,但是中间品种类也增加了一倍,经济体 A 和 B 的中间品种类的增长率没有发生改变,所以人口规模没有增长效应。本文构建的模型没有违反 Jones 提出的经验事实,由于本文没有研发部门,当然也不会违反图2提出的经验事实。

四、内生增长理论和 Young 的思想

Young(1928)是一篇富有开创性的文章,他把斯密的企业内劳动分工拓展到行业的劳动分工,并且把亚当·斯密的"劳动分工由市场规模决定"的定理拓展到"劳动分工很大程度上是由劳动分工来决定"的定理。Young 的思想沉寂半个世纪以后,Romer(1986)和 Lucas(1988)等人以 Young 的思想为起点开创了内生增长理论,然而内生增长理论有没有误解 Young 的思想呢?本文构建的模型很好地体现了 Young 的思想,通过本文构造的模型和内生增长理论的比较,我们将看到 Young 和内生增长理论在增长的源泉和增长的内生机制存在很大的差异。

我们先来看内生增长模型长期增长的源泉。Jones(1995)年把第一代内生增长模型(Romer/Grossman-Helpman/Aghion-Howitt)总结为:假设经济有一个研发部门

生产专利 ($\dot{A}/A = \delta L_A$)，专利可以提高整个社会的生产率，$Y = K^{1-\alpha}(A L_y{}^\alpha)$。第二代内生增长模型大致上按照 Jones(1995) 的思路：依然有个研发部门生产专利 ($\dot{A}/A = \delta L_A$)，专利可以提高整个社会的生产率，但是专利的增长率不是简单和研发人员数成比例，而是会随着知识存量的增加变得越来越难，$\tilde{\delta} = \delta A^\phi (\phi < 0)$。如果专利数有长期的增长，那么经济就可以实现长期增长。因此，内生增长理论认为技术创新 A 是经济增长的源泉。

我们再来看一下本模型长期增长的源泉。本模型假设经济没有研发部门，但是存在劳动分工。根据等式(A1.21)，$Y_t = AL_t\, m_t{}^{1/\beta}$，没有研发部门影响技术水平 A，但中间品部门的分工深化会带来人均产出的增加。这说明本模型长期增长的源泉来自劳动分工，符合 Young 的思想。如果我们把模型推广到研发带来企业间分工的情况，那么长期增长的源泉还是来自劳动分工，只不过此时的劳动分工来自研发。

接下来我们来看一下内生增长理论的增长机制。内生增长理论假设 $\dot{A}/A = \tilde{\delta} L_A$，如果新发明与原先的发明的关系是既定的，$\tilde{\delta} = \delta A^\phi (\phi < 0)$，那么专利的增长率由研发人员数 ($L_A$) 决定。一旦研发人员数确定下来，研发部门市场的专利数可以实现长期增长，而专利可以提高整个社会的生产率，从而抵消资本规模报酬递减，经济获得长期增长。我们看到内生增长理论的增长机制中没有出现任何市场规模决定专利的需求的过程。虽然内生增长理论也是在一个一般均衡框架下讨论，专利的供给来自研发部门，$\dot{A}/A = \tilde{\delta} L_A$，专利的需求来自生产部门，$Y = K^{1-\alpha}(A L_y{}^\alpha)$，专利的数目也是内生决定的。但是在内生增长理论中，专利的数目是由研发部门的研发人数决定的，而研发人数是由劳动者在生产部门和在研发部门的生产率的条件来决定的。

接下来我们再来看一下本模型的长期增长的机制。首先静态来看劳动分工如何决定。中间产品种类的增加来自潜在厂商愿意进入中间品行业，而潜在厂商是否愿意进入取决于利润贴现和是否能够覆盖固定成本，$V_{ij} = \int_t^\infty e^{-(R_\tau - R_t)} \pi_{ij} d\tau = m_t F_2$，而每一期的利润取决于市场规模的大小，$\pi_{ij} = (p_{ij} - cc_{ij})x_{ij} = 1/\beta \times p_{ij} \times x_{ij}$。我们看到劳动分工是由市场规模决定的，这反映了亚当·斯密的思想。其次动态来看劳动分工如何持续增加。当劳动分工更加深化，中间品种类增加 dm_t，一方面由于行业分工程度加深,中间品部门的生产率提高;另一方面由于中间品部门的生产率提高,最终品会使用更多的中间品来替代劳动力,从而最终品部门的生产率也在提高,两方面都使最终品的边际成本 $\alpha_{ti} = (1/\beta)^{-1/\beta} \times [(\beta-1)/\beta]^{-(\beta-1)/\beta} \times w_t^{1/\beta} \times \left[\left(\int_0^{m_t} p_{ij}^{1-\beta} dj \right)^{1/(1-\beta)} \right]^{(\beta-1)/\beta}$ (等式(A1.8))下降。如果最终品厂商数目 n_t 不变,那么由于边际成本下降,现有的最终品厂商的利润会增加。对于中间品厂商来说,一方面由于最终品厂商会更多地采用中间品来替代劳动力,所以中间品的需求增加;另一方面最终品厂商的利润增加从而人均收入增加,市场规模扩大会增加对最终品的需求,从而增加对中间品的需求,所以中间品厂商的利润也会增加。如果最终品种类数目不变,那么最终品厂商和中间品厂商的利润都会增加,市场规模会扩大, $dY_t = 1/\beta AL_t \, m_t^{1/\beta-1} \, dm_t$。随着市场规模扩大,最终品企业和中间品企业的利润贴现和都会超过其固定成本。潜在投资者看到有利可图就会进入最终品部门和中间品部门,中间品部门的行业分工进一步加深(dm_t 进一步增加)。按照上述过程,市场规模进一步扩大,从而劳动分工程度进一步加深。所以"劳动分工—生产率提高—市场规模扩大—劳动分工"是一个自我持续过程。从动态来看这反映了 Young 的"劳动分工很大程度上是由劳动分工来决定"的思想。如果我们把模型推广到研发带来企业间分工的情况,那么长期增长的机制依然来自"劳动分工(专利)—生产率提高—市场规模扩大—劳动分工(专利)"的自我持续过程。

Romer(1986)和 Lucas(1988)等人创立的内生增长理论以生产新产品需要有新思想,把劳动分工的不断深化的过程转为新思想的不断产生的过程,这使我们意识到研发部门对经济长期增长具有重要作用。然而在这个转变过程中,我们更多的是关注专利的生产函数(投入多少科学家和工程师、生产专利的难易程度),而忽略了专利和市场规模的关系,而按照 Young 的思想,后者才是经济内生增长的机制。如果专利的增长速度很快,但是这些专利并不能提高生产效率和扩大市场规模,那么劳动分工和市场规模的自我持续过程就不能进行下去。按照亚当·斯密和 Young 的思想,专利只是企业内分工和行业间分工提高劳动生产率的其中的一种可能性,经济增长的源泉在于劳动分工。

本文的模型认为经济长期增长的源泉是劳动分工。基本上我们看到企业生产的产品都会有略微的区别,即使是卖同样产品的超市,也会存在地理位置和卖场大小等区别。如果我们认为企业生产的产品都不一样,那么企业数目的多少可以看做劳动分工的程度。一般来讲,企业数目越多,劳动分工越细致。从图 A1.3 我们可以看到美国 1988—2008 年专利增长率一直持续增长,保持在 2%~3% 左右,但是这并没有带来经济的持续增长,专利增长率和经济增长率相关性很弱。但是我们来看企业数目的增长,我们发现企业数目的增长速度和经济增长速度相关性很强。当企业数目增长速度下降时经济增长速度下降,当企业数目增长速度增加时经济增长速度增加。从图 A1.4 中我们也可以看到,从绝对值来看企业数目和美国的真实 GDP 也非常吻合。所以,从经验事实来看,仅仅有专利的增加并不一定会带来经济的增长,代表劳动分工深化的企业数目增加可能会带来经济增长速度提升,而企业数目减少可能会带来经济增长速度降低。

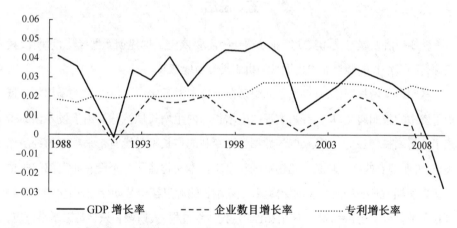

图 A1.3 美国企业增长率、专利增长率与真实 GDP 增长率

注释:企业数目来自美国商业局,专利数目来自美国专利局。

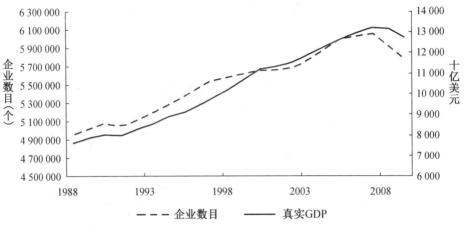

图 A1.4 美国企业数目与真实 GDP

注释：企业数目数据来自美国商业局。

五、总结

转变经济发展方式和实现产业结构升级需要依托于构建创新型经济，现阶段我们探讨经济增长的源泉和内生增长的机制具有重要意义。

按照内生增长理论，长期增长的源泉在于技术创新，由于知识带来的溢出效应抵消了资本的报酬递减，从而经济实现内生增长。内生增长理论认为由于技术创新带来了经济增长，但是我们从美国的数据看到专利的增长率并没有带来相应的经济增长，这说明现有的内生增长理论违背经验事实。本文构造了一个没有研发部门却依然实现长期增长的动态一般均衡模型，长期增长的源泉在于劳动分工，内生增长的机制在于劳动分工与市场规模不断深化的自我持续过程，人口增长只会带来水平效应，不会带来增长效应。本文构建的内生增长模型没有违反 Jones(1995)的规模效应和图 A1.2 提出的经验事实，并且发现代表劳动分工的企业数目和国内生产总值相关性很高的经验事实。事实上，本文希望以 Young(1928)思想为起点的内生增长理论面临不符合经验事实的困境的时候，不是停留在修改知识创新的生产函数上，而是回到 80 年代末 90 年代初 Romer 提出内生增长理论的另一个思路上——专业化，回到 Young(1928)提出的"劳动分工很大程度上是由劳动分工决定的"思想上。

　　不同的理论提出的政策建议具有很大的差异。按照内生增长理论,要促进经济增长在于促进专利的增长率。只要专利增长了,由于专利能够直接提高生产率,那么经济一定会增长。而按照 Young 的思想,要实现经济的内生增长,关键在于劳动分工与市场规模不断深化的自我持续的过程。除了新专利以外,还有其他途径可以带来经济的增长,比如说亚当·斯密指出的劳动分工可以提高生产率的其他两方面(每个工人灵巧度增加;节约了从一项工作转到另一项工作的时间),通过出口等方式扩大市场规模等。即使从新专利的角度来看,不能为了增加专利数目而发明专利,而是发明的专利能否提高生产率和扩大市场规模,只有启动这个自我持续过程才可以实现内生增长。中国 2003—2009 年新申请的专利年增长率高达 21.9%,然而从中国的现实情况我们可以看到大多数的专利被束之高阁。Bessen(2011)指出中国很多专利都是“实用模型”专利,即使在“创新”专利中也仅仅只有 10% 的专利申请人愿意为保有 20 年的有效期付出低廉的维持费。由此可见,中国要实现“创新型经济”,重要的不是给高校和科研机构大规模的补贴从而为增加专利数而增加专利数,重要的是构建科研和市场紧密联系的体系,增加符合市场需求的专利。如果新增的专利不符合市场需求,就不会通过提高生产率来促进市场规模的扩大,那么单纯的增加专利数并不会带来经济的长期增长。

参考文献

　　[1] Aghion P, Howitt P. A model of growth through creative destruction[J]. Econometrica, 1992, 60: 323 - 351.

　　[2] Barro R J, Sala-i-Martin X. Convergence[J]. Journal of political economy, 1992, 100(2): 223 - 251.

　　[3] Bessen J. China is not about to out-innovate the U. S. [J]. Harvard business review, 2011, 2: 1 - 11.

　　[4] Chandra R, Sandilands R J. Does modern endogenous growth theory adequately represent Allyn Young? [J]. Cambridge journal of economics, 2005, 29: 463 - 473.

　　[5] Dixit A, Stiglitz J. Monopolistic competition and optimum product diversity[J]. American economic review, 1977, 67(3): 297 - 308.

[6] Eicher T S, Turnovsky S J. Non-scale models of economic growth[J]. Economic journal, 1999, 109: 394 - 415.

[7] Ethier W J. National and international returns to scale in the modern theory of international trade[J]. American economic review, 1982, 72(3): 389 - 405.

[8] Grossman G M, Helpman E. Quality ladders and product cycles[J]. Quarterly journal of economics, 1991, 106(2): 557 - 586.

[9] Jones C. R&D-based models of economic growth[J]. Journal of political economy, 1995, 103(4): 759 - 784.

[10] Lucas R E. On the mechanics of economic development[J]. Journal of monetary economics, 1988, 22: 3 - 42.

[11] Murphy K M, Schleifer A, Vishny R. Income distribution, market size, and industrialisation[J]. Quarterly journal of economics, 1989, 104(3): 537 - 564.

[12] Murphy K M, Schleifer A, Vishny R. industrialization and the Big Push[J]. Journal of political economy, 1989, 97(5): 1003 - 1026.

[13] Ragot X. Technical change and the dynamics of the division of labor[R]. DELTA working papers, 2003 - 09.

[14] Romer P. Increasing returns and long-run growth[J]. Journal of political economy, 1986, 94(5): 1002 - 1037.

[15] Romer P. Growth based on increasing returns due to specialization[J]. American economic review, 1987, 77(2): 56 - 62.

[16] Romer P. Endogenous technological change[J]. Journal of political economy, 1990, 98(5): 71 - 102.

[17] Segerstrom P. Endogenous growth without scale effects[J]. American economic review, 1998, 88(5): 1290 - 1310.

[18] Young Allyn. Increasing returns and economic progress[J]. Economic journal, 1928, 38(152): 527 - 542.

[19] Young Alwyn. Growth without scale effects[J]. Journal of political economy, 1998, 106(1): 41 - 63.

附录 2 　中国的资本偏向型经济增长：1998—2007[①]

摘要 　1998—2007 年对中国来说是比较特殊的阶段,连续数年经济增长速度在两位数以上,现有文献认为这个阶段经济增长主要来自要素(特别是资本)的贡献,而技术进步的贡献较少。通过考察能够提高资本边际产出的资本偏向型技术进步,本文认为这个阶段经济快速增长是由资本从轻工业转移到重工业带来的。我们在拉姆齐模型中引入资本偏向型技术进步,在动态一般均衡框架下研究外生的资本偏向型技术进步对投资、消费和产出的影响,根据中国的数据校准得到的参数模拟中国 1998—2007 年的投资、消费和产出。结果发现,从理论上来看,提高资本边际产出的资本偏向型技术进步会加快投资增长、降低消费占比以及提高经济增长速度;从实证上来看,仅仅考虑资本偏向型技术进步及由此带来的影响,1998—2007 年根据校准的参数进行模拟的人均产出增长率路径和中国的实际路径平均拟合度为 75%。这意味着 1998—2007 年中国经济快速增长主要是由于资本从轻工业转移到重工业带来的资本偏向型技术进步以及由此带来的投资快速增长推动的。

关键词 　资本偏向型技术进步　经济增长　校准

一、引　言

2010 年中国人均收入为 4 260 美元,按照世界银行 2010 年的标准,中国已步入

----

① 　该文发表在《世界经济》2017 年第 5 期,略作修改。

中等偏上国家行列。但从 2010 年开始中国经济增长速度逐年下降,2010 年到 2015 年中国国内生产总值的增长速度分别为 10.6％、9.5％、7.7％、7.7％、7.4％和 6.9％。最近一段时间,中国能否避免"中等收入陷阱"以及中国经济增长能否可持续等问题成为热点,而要正确回答这些问题则需要我们准确认识过去中国经济增长的动力来源。许多学者讨论过中国经济增长的动力来源,目前主流的观点认为中国经济增长主要来源于要素贡献,特别是来自资本的贡献,而不是全要素生产率贡献 (Chow, 1993;张军, 2002;Chow, 2002;Young, 2003;Wang & Li, 2011;余泳泽, 2015)。Krugman(1994)指出,按照经济增长理论,如果经济效率提高不大,由于资本的边际报酬递减,资本投入的增加是难以持续的。可是,为什么中国能够保持长达三十多年的资本快速积累并且带动经济长期快速发展? 目前的文献更多是把经济增长分解为资本、劳动力和全要素生产率三部分,但对于中国经济快速增长的源泉并没有给出非常清晰的回答。

　　中国资本投入能够长期快速增长一定是由于经济效率在提高,可是现有的主流文献却发现中国全要素生产率的贡献并不大,这其中存在矛盾之处。事实上,Solow (1957)把所有影响总生产函数的因素都称为技术变化,技术分为不改变劳动和资本边际产出比的希克斯中性技术(Hicks-neutral technology)、提高劳动边际产出的哈罗德中性技术(Harrod-neutral technology)和提高资本边际产出的索罗中性技术 (Solow-neutral technology)三种。但是,现有的经济增长文献关注的主要是希克斯中性技术进步和哈罗德中性技术进步。比如,郑玉歆(1998)、易纲等(2003)、郭庆旺和贾俊雪(2005)以及林毅夫和任若恩(2007)就指出,基于索罗模型的全要素生产率增长实际上体现的是希克斯中性技术进步。在内生增长理论提出以后,纳入到经济增长核算的人力资本能够提高劳动的边际产出,所以加入人力资本实际上体现的是哈罗德中性技术进步。国内文献对索罗中性技术进步几乎没有涉及,为了理解和表述上的方便,我们把这种技术进步称为资本偏向型技术进步,把由这种技术进步引致的经济增长称为资本偏向型经济增长。当然,从中国经济发展的实际情况出发,国内的一些文献(比如,黄先海和刘毅群,2006,2008;赵志耘等,2007;皮建才,2008;宋冬林等,2011)已经从某些侧面认识到了资本偏向型技术进步的重要性,强调由于设备资本内嵌了技术进步从而提高了资本的边际产出，但是这类文献大都假设总生产函数是柯布-道格拉斯生产函数，所以资本的报酬份额并不会发生改变，只不过把资本的报酬份额分为设备资本的报酬份额和建筑资本的报酬份额两部分，劳动的报酬份额也不会发生改变，而这明显跟中国 1998—2007 年资本报酬份额增加以及劳动报酬份额减少的特征事实不相符。[①]

　　资本偏向型技术进步的特征是可以提高资本的边际产出从而资本报酬的份额会增加，从图 A2.1 我们可以看到 1994—1997 年中国的资本报酬份额基本稳定在 47%左右，从 1998 年开始资本报酬比重从 47.6%上升到 61.5%，[②] 由此可见，中国1998—2007 年发生了资本偏向型技术进步。我们试图从资本偏向型技术进步的角度探讨中国 1998—2007 年经济快速增长的源泉，特别是试图合理解释 1998—2007

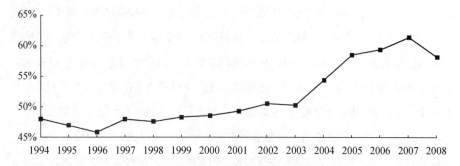

图 A2.1　资本报酬份额

注释：作者根据 1995—2013 年《中国统计年鉴》地区生产总值收入法构成项目整理所得。

---

　　① 　实际上，发展经济学中的结构主义流派早就注意到结构转型与经济增长的关系，比如钱纳里等（1989）将不发达经济到成熟工业经济整个变化划分为三个阶段、六个时期，从任何一个发展阶段向更高一个阶段的跃进都是通过产业结构转化来推动的。按照 Solow(1957) 关于技术变化的广义定义，这种结构转型属于技术进步，其中从轻工业（劳动密集型）转移到重工业（资本密集型）属于 Solow 定义的索罗中性技术进步（资本偏向型技术进步）的范畴。当然，结构主义流派的文献更多的是关注经济应该发展哪些类型的产业以及政府如何推动这类产业的发展，而本文关注的则是资本偏向型技术进步与1998—2007 年中国经济快速增长之间的关系。

　　② 　许多学者观察到中国的劳动份额在下降，这是一个非常热的研究点，相关的文献特别多（比如白重恩和钱震杰，2009；李稻葵等，2009；罗长远和张军，2009；黄先海和徐圣，2009）。劳动份额在下降意味着资本报酬份额在增加。但是，这类文献侧重于解释劳动报酬份额下降的原因，而不是关注中国经济增长的源泉。

年对经济快速增长做出主要贡献的资本投入的快速增长。

目前探讨中国经济增长动力来源的方法主要是经济增长核算法或者经济计量学方法或者这两种方法的组合。经济增长核算法一般先设定生产函数，根据要素的增长率以及要素的产出弹性计算要素的贡献，残差是全要素生产率的贡献；用要素的收入份额来表示要素的产出弹性，要素的收入份额来自国民账户或者投入产出表。经济计量学方法使用资本、劳动力和人力资本等数据估计生产函数，根据计量结果确定要素的产出弹性，从而计算各要素的贡献。大部分使用这两种方法及其组合的文献采用的是柯布-道格拉斯生产函数，并且在整个研究中假设要素的产出弹性保持不变 (Chow,1993;张军，2002；Young, 2003；黄先海和刘毅群，2006, 2008；赵志耘等，2007;宋冬林等，2011)，这意味着资本报酬份额不变，所以不符合中国 1998—2007 年的特征事实。对于资本的产出弹性固定不变的问题，也有文献试图进行解决。比如，Wang & Li(2011)采用了一种新的方法计算 AFP，[①]资本的产出弹性用每一年的资本报酬份额来表示。余泳泽(2015)采用超越对数生产函数估计生产函数，资本的产出弹性可以随时间变化。资本的产出弹性不变的文献根本不适合分析资本偏向型技术进步。考虑到 1998 年之前和 1998 年之后经济增长的源泉有可能发生实质性的变化，采用超越对数生产函数进行计量分析有可能面临时间序列太短的问题，而采用经济核算方法则无法解释为何投资快速增长，所以本文将采用校准的方法进行实证分析。对动态一般均衡模型进行校准面临的最大问题是很难处理非线性动态方程组，现有的文献通常是进行一阶近似，但是这会带来损失。本文采取网格法搜索(grid search)的方式进行对参数进行校准，不再需要对动态方程进行一阶近似，这会大大提高校准得到的参数的准确度。根据校准的参数、初始值和动态方程对 1998—2007 年的情况进行模拟，其中每年的资本的产出弹性都根据统计数据整理所得，既可以很好地反映这段时间发生的资本偏向型技术进步，又可以避免采用计量方法面临的时间序列太短的问题。

为了考察资本偏向型技术进步对中国 1998—2007 年经济增长的影响，我们在拉

---

① 需要说明的是，Wang & Li(2011)中 AFP 类似于 TFP。

姆齐模型中引入了资本偏向型技术进步。本文的目标是：从理论上分析资本偏向型技术进步的发生机制以及资本偏向型技术进步对投资、消费和经济增长带来的影响；从实证上根据中国的数据校准出需要估计的参数，用国民账户计算的每年的资本报酬份额来代表资本偏向型技术进步，在动态一般均衡模型框架下模拟当发生外生的资本偏向型技术进步时投资、消费和经济增长的路径，然后跟中国实际的投资、消费和经济增长的路径进行比较。我们的研究发现，仅仅考察资本偏向型技术进步对投资、消费和经济增长的影响，根据校准的数据对 1998—2007 年进行模拟的资本存量路径和中国实际的资本存量路径平均拟合度高达 99.6％，消费路径平均拟合度高达 85％，人均产出增长率路径平均拟合度高达 75％。从演进的角度来看，本文的结果与 Young(2003)类似，Young 认为 1978—1998 年中国经济快速增长的原因主要是劳动力从隐性失业到就业以及从农业转移到工业，本文认为 1998—2007 年中国经济快速增长的原因主要是资本从轻工业转移到重工业带来的资本偏向型技术进步。

　　本文剩余部分的安排如下：第二部分介绍了相关文献以及 1998—2007 年中国经济的特征事实；第三部分在拉姆齐模型框架下分析了资本偏向型技术进步的发生机制以及对投资、消费和经济增长的影响；第四部分根据校准的参数模拟 1998—2007 年投资、消费和经济增长路径，然后跟实际的投资、消费和经济增长路径进行比较；第五部分进行了总结。

二、文献及特征事实

(一) 全要素生产率与中国投资增长率的背离

　　目前主流的观点认为中国经济增长主要来源于要素贡献，特别是来自资本的贡献，而不是全要素生产率贡献。Chow(1993)发现，1952—1985 年经济增长中有 75％来自资本的贡献，几乎没有技术进步。王小鲁(2000)发现，1979—1999 年全要素生产率对经济增长的贡献率为 14.9％。张军(2002)发现，改革开放前(1953—1978 年)全要素生产率对产出增长的贡献仅为大约 6.8％，改革后(1979—1998 年)全要素生产率的贡献上升到了 31％，经济增长主要来自要素贡献。Young(2003)发现，虽然改革开放二十年来(1978—1998 年)国内生产总值增长速度高达 8％，但是劳动参与率的提高、教育质量的提高、劳动力从农业转出以及资本积累等因素能够解释绝大部分,剔除这些因素后全要素生产率每年只增长了 1.4％,全要素生产率的贡献大概为 17.5％。Wang & Li(2011)发现,1978—2008 年经济增长中资本的贡献为 54.17％,劳动的贡献为 22.75％,全要素生产率的贡献为 23.07％;他们还发现 2000—2008 年资本的贡献高达 63.04％,劳动的贡献为 4.72％,全要素生产率的贡献为 32.24％。余泳泽(2015)发现,1978—2012 年资本要素对经济增长的贡献达到 70％～85％,全要素生产率的贡献只有 10％～20％。

　　由此可见,要解释中国经济的快速增长首先要解释中国资本投入的快速增长。根据拉姆齐模型我们可以知道,如果技术不发生变化,由于资本的边际报酬递减,资本积累率将会下降,经济增长率也会下降;如果全要素生产率在提升,全要素生产率增加可以抵消资本的边际报酬递减,那么资本积累率也会增加;可以预期全要素生产率增加得越快,资本积累率会增加得越快。但是,从图 A2.2 中我们可以看到,全要素增长率和投资增长率背离的情况非常多,特别是我们研究的 1998—2007 年,全要素生产率在逐年下降,但是投资增长率却逐年上升。这意味着现有的理论在解释中国经济增长源泉时是有缺失的,说明我们需要从其他角度寻求突破。

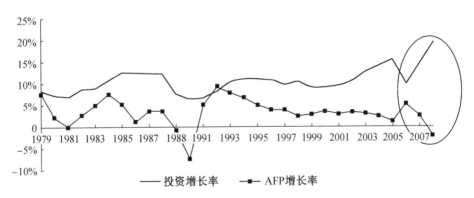

图 A2.2　中国投资年增长率和 AFP 增长率

注释:AFP 数据来自 Wang & Li(2011:98),投资增长率数据来自各年份《中国经济统计年鉴》。

　　现有的很多文献(黄先海和刘毅群,2006,2008;赵志耘等,2007;皮建才,2008;宋冬林等,2011)在分析时把突破点放在了资本上面,对资本的类型或者资本的作用进行了区分,强调设备资本实际上内嵌了体现型技术进步。比如,黄先海和刘毅群(2006,2008)发现,1978—2003 年中国工业全要素生产率增长中资本体现型技术进步贡献了 45.31%,而 1980—2004 年该贡献值则为 39.96%;赵志耘等(2007)发现,1990—2005 年资本体现型技术进步的进步率至少在 5.1%～6.0%,技术进步和资本积累是融合在一起的;宋冬林等(2011)发现 1981—2007 年资本体现型技术进步年均增长率为 4.78%,对经济增长的贡献率为 10.6%,占资本贡献的 14.8%。但是,现有的文献明显忽视了资本偏向型技术进步的视角,而这一视角可以为我们探索中国经济增长源泉开启一扇新的大门。

(二) 资本偏向型技术与中国投资增长率的切合

正如前文所指出的,要解释中国经济的快速增长就要解释中国投资的快速增长,按照经济增长理论,没有技术进步投资就会逐年下降,现有文献通常考虑的全要素生产率却跟中国的投资增长率相背离。事实上,Solow(1957)指出,所有影响总生产函数的因素都是技术变化。现有文献通常考虑的是全要素生产率是希克斯中性技术进步,希克斯中性技术进步不改变资本和劳动的边际产出比,资本报酬份额和劳动报酬份额保持不变。技术变化除了希克斯中性技术进步以外,还有哈罗德中性技术进步和索罗中性技术进步。从图 A2.3 中,我们可以看到,中国的资本报酬份额从 1998 年的 47.6%上升到 2007 年的 61.5%。现有的经验分析(比如,白重恩和钱震杰,2009;李稻葵等,2009;黄先海、徐圣,2009)也支撑我们在上升趋势上的判断。[1] 而且,从图 A2.3 中我们还可以看到,资本报酬份额、投资增长率和经济增长率相关性都比较强。[2] 这极有可能是因为中国发生资本偏向型技术进步提高了资本的边际产出,所以投资增长率上升,资本报酬份额增加。

---

[1] 根据张勋和徐建国(2016)对资本回报率和资本份额之间关系的理论和实证分析,资本回报率随着资本份额的提高而上升。所以我们推测,那些从经验上验证资本回报率上升的文献(比如,方文全,2012;张勋和徐建国,2014;刘晓光和卢锋,2014;白重恩和张琼,2014)也可以算作是从侧面上对我们的判断进行了间接支撑。虽然资本回报率和资本份额是两个不同的概念,但是我们认为它们在很大程度上属于“同一枚硬币的两面”。

[2] 在这里需要说明的是,2006 年投资增长率和资本报酬比重的偏离可能是因为 2006 年中国宏观调控的重中之重是遏制投资过快增长。

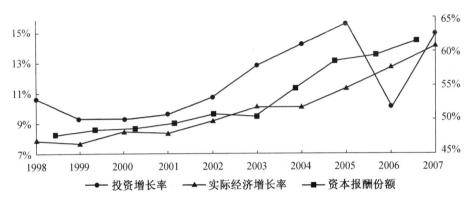

图 A2.3　中国投资增长率、经济增长率和资本报酬份额

注释：作者根据各年份《中国统计年鉴》整理所得。

　　当然，资本报酬份额增加不一定意味着资本的边际产出增加，还有可能是因为资本的价格提高带来资本报酬份额的增加。资本偏向型技术进步强调的是资本的边际产出增加，所以也被称为资本增强型技术进步。同样的资本数量，当资本从劳动密集型行业转移到资本密集型行业时，资本的边际产出会提高。从图 A2.4 中我们可以看出，1998 年之前重工业的比重基本上在 50% 左右浮动，但是从 1998 年开始重工业比重从 50% 左右逐渐上升到 70% 左右，这表明 1998—2007 年资本更多地从劳动密集型行业转移到资本密集型行业。由于资本密集型行业资本的报酬超过劳动密集型行业资本的报酬，随着重工业比重的增加，整个社会的资本报酬将会增加。

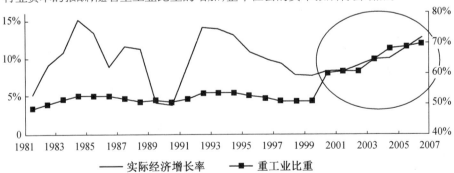

图 A2.4　中国重工业比重和经济增长率

注释：作者根据 2012 年《中国工业经济统计年鉴》整理所得。

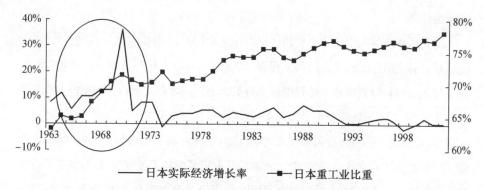

图 A2.5　日本经济增长率和重工业比重

注释：作者根据世界银行数据库和联合国工业数据库整理所得。

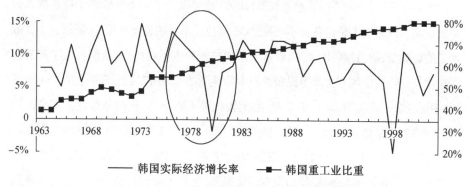

图 A2.6　韩国经济增长率和重工业比重

注释：作者根据世界银行数据库和联合国工业数据库整理所得。

从图 A2.4 中我们可以观察到，1998—2007 年重工业比重和实际经济增长率相关性特别强。[①] 从图 A2.5 和图 A2.6 中，我们同样可以观察到，日本在 20 世纪 60 年代重工业比重和实际经济增长率相关性也很强，韩国在 20 世纪 70 年代也有类似的情况。重工业比重快速增加带来经济增长速度快速增加，中国、日本和韩国对应的阶段的经济增长速度都几乎超过 10％；并且重工业比重和经济增长率相关性很强只表现在经济的某个阶段。所以，资本偏向型技术进步带来经济快速增长可能具有一定

① 我们的发现跟著名经济学家吴敬琏（2006）以及他在更早些时候提出的中国经济需要向"重化工业化"转型相一致。

的普遍性。

　　本文从资本偏向型技术进步角度出发探索中国经济增长的源泉，我们的经济学逻辑跟现有文献(比如，黄先海和刘毅群，2006，2008；赵志耘等，2007；皮建才，2008；宋冬林等，2011)提到的资本体现型技术有很大不同。现有文献认为物质资本投资存在技术进步，通常把物质资本分为两类：建筑资本和设备资本。由于设备资本存在技术进步，设备资本的投资会带来效率增加。比如，黄先海和刘毅群(2008)认为，效率增加可能是由于存在设备研发部门，该部门开发出新的技术或创意，从而提高了设备资本的效率。黄先海和刘毅群(2006)认为，由于设备存在四个等级，国际水平、国内先进水平、国内一般水平和国内落后水平，设备资本的平均技术构成不同，资本的平均技术效率不同，产出不同。赵志耘等(2007)直接设定了一个参数表示设备资本效率的提高。设备资本是由各种不同役龄、不同技术水平的设备构成的，所以这类文献增长的机制是，随着投资的增加，设备的平均技术效率不断提高，从而带来了经济的快速增长。不同于现有文献中提到的资本体现型技术，我们认为，随着资本的不断积累，中国在资本密集型部门(重工业)的比较优势不断增加，出口从劳动密集型部门(轻工业)的产品转为既出口劳动密集型部门(轻工业)的产品又出口资本密集型部门(重工业)的产品，整个社会的资本密集型部门(重工业)比重在不断增加。当资本从劳动密集型部门(轻工业)转移到资本密集型部门(重工业)时，整个社会的资本密集度在增加，资本的边际产出在增加，中国发生了资本偏向型技术进步。

　　Song 等(2011)在基本模型的扩展部分提到了整个社会的资本密集度的变化，即本文所说的资本偏向型技术进步，但他们提出的资本偏向型技术进步发生的机制和本文提出的机制并不一样。Song 等(2011)认为由于中国金融制度的不完善，刚开始民营企业在生产劳动密集型产品上具有比较优势，随着资本的积累，民营企业慢慢在生产资本密集型产品上也具有比较优势；而且随着经济从以国有企业为主转移到以民营企业为主，整个社会的资本密集度会发生变化。而本文认为，随着资本的积累，中国的比较优势从轻工业转移到重工业，重工业比重增加，从而发生资本偏向型技术进步。换言之，即使没有国有企业比重的变化，随着资本的积累中国也会发生资本偏向型技术进步。Song 等(2011)虽然注意到了资本偏向型技术进步，但是他们没有以此为视角从理论上和校准上分析其对经济增长产生的影响。[①]

基于现有的文献，本文所做的可能突破主要体现在以下三点。第一，研究视角从目前主流的经济增长分解（比如，Chow，1993；张军，2002；Chow，2002；Young，2003；Wang & Li，2011；余泳泽，2015）回归到结构主义流派，[②]探讨了资本偏向型技术进步对经济增长的影响。第二，本文提供了一个跟 Song 等（2011）不同的资本偏向型技术进步的机制，在我们的机制中，随着资本的积累，我国的比较优势从轻工业转为重工业，重工业的比重增加，经济发生资本偏向型技术进步。第三，本文研究了资本偏向型技术进步对经济增长影响的内在机制，并且利用中国 1998—2007 年数据进行了校准。

三、理论模型

我们首先分析资本偏向型技术进步的发生机制，然后在拉姆齐模型框架下引入资本偏向型技术进步，最后探讨外生发生的资本偏向型技术进步对投资、消费和产出的影响。

（一）资本偏向型技术进步的发生机制

要解释中国 1998—2007 年中国经济增长必须考虑这段时期的重要特征事实，从图 A2.2 和 A2.4 我们可以发现重工业比重从原来比较稳定的 50% 逐步增加到 70%，资本报酬份额从原来比较稳定的 47% 逐步增加到 61.5%。我们需要在两部门模型框架下分析资本偏向型技术进步是如何发生的，重工业比重为什么增加从而带来资本份额的增加。

---

① Song 等（2011）在基本模型和校准主要研究的是国有企业比重的变化对经济增长的影响，资本偏向型技术进步只是作为扩展部分做了示意型模型。白重恩和钱震杰（2009）在对 1995—2003 年劳动收入份额变化原因的分析中发现结构转型带来的影响占到 61.31%，而国有企业比重的变化带来的影响只有 23.2%，从中我们可以看出中国的结构变化带来的影响可能比国有企业比重变化带来的影响更大。

② 国内强调结构重要性的经济学家是林毅夫，他在一系列论著中开创性地提出了新结构经济学（林毅夫，2010，2012）。本文可以算作是沿着新结构经济学的方向对中国的资本偏向型经济增长所做的初步尝试，希望能起到抛砖引玉的作用。

假设经济存在两个部门：劳动密集型部门（轻工业）和资本密集型部门（重工业），其生产函数分别为：

$$Y_1 = K_1{}^{\alpha_1} L_1{}^{1-\alpha_1} \tag{A2.1}$$

$$Y_2 = K_2{}^{\alpha_2} L_2{}^{1-\alpha_2} \tag{A2.2}$$

其中 Y_i、K_i 和 L_i 分别代表 i 产业的产量、使用的资本数量和劳动力数量，$i=1$ 代表劳动密集型部门（轻工业），$i=2$ 代表资本密集型部门（重工业）；$\alpha_2 > \alpha_1$ 代表重工业的资本密集度超过轻工业的资本密集度。

当轻工业和重工业面对同样的利率 r 和工资 w 时，根据轻工业和重工业的生产函数，轻工业的单位成本为 $c_1 = (r/\alpha_1)^{\alpha_1} [w/(1-\alpha_1)]^{1-\alpha_1}$，重工业的单位成本为 $c_2 = (r/\alpha_2)^{\alpha_2} [w/(1-\alpha_2)]^{1-\alpha_2}$。当一国劳动力资源比较丰富并且资本比较稀缺时，工资 w 较低，利率 r 较高，$\partial lnc/\partial \alpha = \ln(r/w) + \ln[(1-\alpha)/\alpha]$，即资本密集度越高，单位成本越高。由于重工业的资本密集度较高，$\alpha_2 > \alpha_1$，所以轻工业的单位成本较低，重工业的单位成本较高。根据李嘉图的比较成本理论，该国应该出口轻工业产品。这跟中国在 20 世纪 90 年代以出口轻工业产品为主是吻合的。因此，我们可以得到命题 1。

命题 1：当一国劳动力资源比较丰富并且资本比较稀缺时，劳动密集型部门（轻工业）的单位成本较低，资本密集型部门（重工业）的单位成本较高，该国应该出口轻工业产品。

当一国只出口轻工业产品时，所有的资本 K 和劳动力 L 都用来生产轻工业产品。假定该国是一个经济开放的小国，①轻工业产品的价格 P_1 由国际市场决定。此时该国的工资为 $w=(1-\alpha_1)P_1(K/L)^{\alpha_1}$，利率为 $r=\alpha_1 P_1(K/L)^{\alpha_1-1}$。按照此时的工资 w 和利率 r 生产重工业产品，重工业的单位成本为 $c_2 = (\alpha_1/\alpha_2)^{\alpha_2} [(1-\alpha_1)/(1-\alpha_2)]^{1-\alpha_2} P_1(K/L)^{\alpha_1-\alpha_2}$。由于重工业资本密集度较高，$\alpha_2 > \alpha_1$，随着资本的不断积累，人均资本 K/L 增加，重工业的单位成本会下降。随着资本的不断积累，原本不具有比较优势的重工业单位成本不断下降，直到生产重工业的单位成本降

---

① 小国开放假设是经济学通用的假设，虽然不适合分析大国经济，但是对于本小节研究重工业比重为何增加不会产生实质性影响。

到重工业产品的国际市场上的价格 P_2。这时该国不仅会出口轻工业产品，而且会出口重工业产品。由此，我们可以得到命题 2。

命题 2： 随着一国资本不断积累，资本密集型部门（重工业）的单位成本会不断降低，资本密集型部门（重工业）的比较优势会不断增加，直到该国既出口劳动密集型部门（轻工业）的产品又出口资本密集型部门（重工业）的产品。

当一国既出口轻工业产品又出口重工业产品时，资本 K 和劳动力 L 会在轻工业部门和重工业部门进行分配。由于假设该国是经济开放的小国，轻工业产品的价格 P_1 和重工业产品的价格 P_2 由国际市场决定。根据 $P_1 = c_1 = (r/\alpha_1)^{\alpha_1} [w/(1-\alpha_1)]^{1-\alpha_1}$ 以及 $P_2 = c_2 = (r/\alpha_2)^{\alpha_2} [w/(1-\alpha_2)]^{1-\alpha_2}$ 可以决定工资 $w(P_1, P_2, \alpha_1, \alpha_2)$ 和利率 $r(P_1, P_2, \alpha_1, \alpha_2)$。根据轻工业部门和重工业部门利润最大化，轻工业部门的人均资本为 $k_1 = K_1/L_1 = [\alpha_1/(1-\alpha_1)]w/r = k_1(P_1, P_2, \alpha_1, \alpha_2)$，重工业部门的人均资本为 $k_2 = K_2/L_2 = [\alpha_2/(1-\alpha_2)]w/r = k_2(P_1, P_2, \alpha_1, \alpha_2)$。显然，由于重工业是资本密集型的（$\alpha_2 > \alpha_1$），重工业部门的人均资本超过轻工业部门的人均资本（$k_2 > k_1$）。根据劳动力市场出清条件 $L_1 + L_2 = L$ 和资本市场出清条件 $K_1 + K_2 = K$，我们可以得到分配在轻工业部门的资本为 $K_1 = k_1(k_2L - K)/(k_2 - k_1)$，分配在轻工业部门的劳动力为 $L_1 = (k_2L - K)/(k_2 - k_1)$，分配在重工业部门的资本为 $K_2 = k_2(K - k_1L)/(k_2 - k_1)$，分配在重工业的劳动力为 $L_2 = (K - k_1L)/(k_2 - k_1)$。显然，随着整个社会的资本 K 增加，分配在重工业部门的资本 K_2 增加，分配在重工业部门的劳动力 L_2 增加，分配在轻工业部门的资本 K_1 减少，分配在轻工业部门的劳动力 L_1 减少；分配在重工业部门的资本比重 $K_2/K = [k_2/(k_2 - k_1)](1 - k_1L/K)$ 增加，分配在轻工业部门的资本比重 $K_1/K = [k_1/(k_2 - k_1)](k_2L/K - 1)$ 减少；重工业部门的产值 $P_2Y_2 = P_2 k_2^{\alpha_2}(K - k_1L)/(k_2 - k_1)$ 增加，而轻工业的产值 $P_1Y_1 = P_1 k_1^{\alpha_1}(k_2L - K)/(k_2 - k_1)$ 减少；重工业部门产值占整个工业产值 $P_2Y_2/(P_1Y_1 + P_2Y_2)$ 增加，轻工业部门产值占整个工业产值 $P_1Y_1/(P_1Y_1 + P_2Y_2)$ 减少。实际上，上述推论和雷布钦斯基定理一致，如果资本要素增加，那么密集使用劳动的产品的产量会下降，密集使用资本的产品的产量会增加。由此，我们可以得到命题 3。

命题 3： 随着一国资本不断积累，资本密集型部门（重工业）的比重增加。

整个社会的资本边际产出为 $\partial(PY)/\partial K = \partial(P_1Y_1 + P_2Y_2)/\partial K = \{P_2[\alpha_2/(1-\alpha_2)]^{\alpha_2}(w/r)^{\alpha_2} - P_1[\alpha_1/(1-\alpha_1)]^{\alpha_1}(w/r)^{\alpha_1}\}/(k_2 - k_1)$。由于重工业的资本密集度较高$(\alpha_2 > \alpha_1)$，重工业部门的人均资本超过轻工业部门的人均资本$(k_2 > k_1)$，随着资本的增加，整个社会的资本边际产出会增加。按照 Solow(1957) 的定义，所有影响总生产函数的因素都可以称为技术变化，其中提高资本边际产出的技术称为索罗中性技术(本文称为资本偏向型技术进步)。显然，随着资本的增加，经济会发生资本偏向型技术进步。由此，我们可以得到命题 4。

命题 4：随着一国资本不断积累，资本的边际产出增加，该国会发生资本偏向型技术进步。

整个社会的资本报酬份额为$(rK+wL)/Y = +\alpha_2 P_2Y_2/(P_1Y_1 + P_2Y_2)$，根据命题 3，随着一国资本不断积累，轻工业比重会下降，重工业比重会增加，并且重工业的资本密集度较高$(\alpha_2 > \alpha_1)$，因此，整个社会的资本报酬份额会增加。由此，我们可以得到命题 5。

命题 5：随着一国资本不断积累，整个社会的资本报酬份额会增加。

如果我们用柯布-道格拉斯生产函数 $Y_t = K_t^{\alpha}L_t^{1-\alpha}$ 来代表整个经济，代表资本报酬份额的 α 会增加。$\alpha = [\alpha_1 P_1 k_1^{\alpha_1}(k_2L - K)/(k_2 - k_1) + \alpha_2 P_2 k_2^{\alpha_2}(K - k_1L)/(k_2 - k_1)]/[P_1 k_1^{\alpha_1}(k_2L - K)/(k_2 - k_1) + P_2 k_2^{\alpha_2}(K - k_1L)/(k_2 - k_1)] = \alpha(P_1, P_2, \alpha_1, \alpha_2, L, K)$，这意味着整个社会的资本报酬份额与轻工业部门产品的价格、重工业部门产品的价格、轻工业部门资本密集度、重工业部门资本密集度以及整个社会拥有的劳动力和资本存量都有关。本文的重点不是研究资本报酬份额如何变化，而是研究资本偏向型技术进步带来的资本报酬份额变化是如何影响经济增长的。接下来我们把资本报酬份额作为外生给定的参数，研究资本报酬份额的外生变化对经济增长的影响。

(二) 引入资本偏向型技术进步拉姆齐模型

假设经济中拥有 H 个代表性家庭，初始人口为 L_0，每个家庭的人口以不变的增长率 n 增加，每个人无弹性地提供一单位的劳动力。假设代表性家庭的效用函数为：

$$U = \int_0^\infty e^{-\rho t}[c_t^{1-\theta}/(1-\theta)]L_t/H dt \qquad (A2.3)$$

其中，c_t 代表 t 时刻每个家庭成员的消费，L_t 代表 t 时刻经济的总人口，L_t/H 代表每个代表性家庭拥有的人口数；ρ 代表贴现率，ρ 越大，与现期消费相比，家庭对未来消费的评价越低；$1/\theta$ 代表任意两个时间的消费之间的替代弹性，$\theta>0$，θ 越小表示家庭越愿意接受消费的波动。

我们在拉姆齐模型中引入外生的资本偏向型技术进步。整个社会的总生产函数是柯布-道格拉斯生产函数：

$$Y_t = K_t^{\alpha} L_t^{1-\alpha} \tag{A2.4}$$

其中 K_t 代表整个社会的资本存量，L_t 代表整个社会的劳动力，α 代表资本产出弹性，α 同时也代表资本报酬份额。根据前文的分析，整个社会的资本报酬份额 α 会发生变化，但是影响因素比较多而且过程比较复杂，所以我们假设 α 是外生给定的。整个社会的资本报酬份额 α 增加表示经济发生了资本偏向型技术进步。[①] 对任一时刻来讲，若资本产出弹性不变，则该生产函数是规模报酬不变的；但是当资本产出弹性 α 随时间变化时，整个社会具有动态规模报酬递增。[②]

（三）模型的动态演化

代表性家庭选择消费路径和家庭财富路径来最大化其一生的效用贴现和：

$$\mathrm{Max}_{c_t, a_t} U = \int_0^{\infty} \mathrm{e}^{-\rho t} \left[c_t^{1-\theta} / (1-\theta) \right] L_t / H dt$$

$$\text{s. t. } \dot{a}_t = r_t a_t + w_t L_t / H - p_t c_t L_t / H \tag{A2.5}$$

---

① Michl(1999)发现，采用柯布-道格拉斯生产函数时，资本产出弹性的增加可以用来表示资本偏向型技术进步。通常资本偏向型技术进步的假设是 $Y_t = F(A_t, K_t, L_t)$，技术进步带来了资本的边际产出的增加。假设 t 时刻资本存量、劳动力和资本产出弹性分别是 K_t、L_t 和 α_1，产出为 $Y_t = K_t^{\alpha_1} L_t^{1-\alpha_1}$。当资本报酬份额从 α_1 增加到 α_2 时，生产函数为 $Y_t = K_t^{\alpha_2} L_t^{1-\alpha_2} = (A_t K_t)^{\alpha_1} L_t^{1-\alpha_1}$，其中 $A_t = (K_t/L_t)^{(\alpha_2 - \alpha_1)/\alpha_1}$。这意味着在资本产出弹性增加时发生了技术变化，该技术变化提高了资本的边际产出，属于资本偏向型技术进步。

② 当资本报酬份额增加，t_1 时刻资本存量、劳动力和资本报酬份额分别是 K_t、L_t 和 α_{t_1}，产出为 $Y_t = K_{t_1}^{\alpha_{t_1}} L_{t_1}^{1-\alpha_{t_1}}$；$t_2$ 时刻，资本存量和劳动力都同时扩大 a 倍，资本报酬份额增加，$\alpha_{t_2} > \alpha_{t_1}$，此时产出 $Y_{t_2} = (a K_{t_1})^{\alpha_{t_2}} (a L_{t_1})^{1-\alpha_{t_2}} = a Y_{t_1} (K_{t_1}/L_{t_1})^{\alpha_{t_2} - \alpha_{t_1}} > a Y_{t_1}$。这说明由于资本报酬份额增加，整个社会具有动态规模报酬递增。这样的假设与 Park & Ryu(2006)的研究一致，Park & Ryu(2006)发现东亚国家在经济发展早期阶段规模报酬递增（1.05～1.08），随着经济的发展逐渐趋近于规模报酬不变。

其中 a_t 代表代表性家庭的财富,家庭财富的变化为家庭的财富收入和劳动收入扣除家庭的消费支出,r_t 为利率,w_t 为工资,p_t 代表商品的价格。由于每个代表性家庭都是对称的,$a_t = K_t/H$。我们把商品的价格标准化为 $p_t = 1$。

这样一来,我们可以把上述问题转化为：

$$\mathrm{Max}_{c_t,K_t} U = \int_0^\infty e^{-\rho t} [c_t^{1-\theta}/(1-\theta)] L_t/H dt$$

$$\text{s. t.} \qquad \dot{K}_t = r_t K_t + w_t L_t - c_t L_t \qquad (A2.6)$$

类似于经典的拉姆齐模型,我们很容易可以得到下列动态方程：

$$\dot{c}_t/c_t = (r_t - \rho)/\theta \qquad (A2.7)$$

$$\dot{K}_t = r_t K_t + w_t L_t - c_t L_t \qquad (A2.8)$$

令 $k_t = K_t/L_t$ 为人均资本,我们可以得到：

$$\dot{K}_t = f(k_t) - c_t - nk_t \qquad (A2.9)$$

其中 $f(k_t) = K_t/L_t = k_t^\alpha$ 是人均产出,$w_t = (1-\alpha)K_t^\alpha L_t^{-\alpha} = (1-\alpha)k_t^\alpha$,$r_t = \alpha K_t^{\alpha-1} L_t^{1-\alpha} - \delta = \alpha k_t^{\alpha-1} - \delta$,$\delta$ 代表折旧率。

根据上述动态方程我们可以得到平衡增长路径,让(A2.7)式和(A2.9)式等于0,我们可以得到：

$$k^* = [\alpha/(\rho+\delta)]^{1/(1-\alpha)} \qquad (A2.10)$$

$$c^* = (\alpha/\rho)^{1/(1-\alpha)} (\rho - \alpha n)/\alpha \qquad (A2.11)$$

(四) 资本偏向型技术进步的影响

我们现在来分析代表资本偏向型技术的参数 α 的变化对经济增长速度、消费比重以及投资的影响,这些影响可以用命题6、命题7和命题8来描述。

命题6:在存在外生的资本偏向型技术进步的情况下,随着整个社会的资本密集度 α 的增加,经济增长速度 g_{Y_t} 会增加。整个社会的资本密集度 α 增加的幅度越大,经济增长速度 g_{Y_t} 增加的幅度也越大,即资本密集度和经济增长速度呈正相关性。

第 t 期期初人均资本存量 k_t 和上期的人均产出 y_{t-1} 均已确定,假设第 t 期由于外生发生资本偏向型技术,整个社会的资本密集度 α 增加。此时人均产出 $y_t = k_t^\alpha$ 会增加,经济增长速度 $g_{y_t}=(k_t^{\alpha}-y_{t-1})/y_{t-1}$ 会增加, $\partial g_{y_t}/\partial\alpha=\alpha/y_{t-1}k_t^{\alpha-1}>0$。这从经济学上很容易理解,当资本从轻工业流动到重工业,资本的边际产出增加,显然总产出会增加,经济增长速度会加快。

我们还发现整个社会的资本密集度 α 增加的幅度越大,经济增长速度 g_{Y_t} 增加的幅度也越大。如果资本密集度增加得越多, $\alpha_1>\alpha_2$,人均产出增加得越多, $y_{t\alpha_1}=k_t^{\alpha_1}>y_{t\alpha_2}=k_t^{\alpha_2}$,显然经济增长速度也越快, $g_{y_{t_1}}=(y_{t\alpha_1}-y_{t-1})/y_{t-1}>g_{y_{t_2}}=(y_{t\alpha_2}-y_{t-1})/y_{t-1}$ 。从经济学中也很容易理解,资本密集度增加得越多意味着经济中重工业比重增加得越多,这时资本的边际产出增加得越多,从而经济增长速度越快。

命题 7: 在存在外生的资本偏向型技术进步的情况下,随着整个社会的资本密集度 α 的增加,消费比重 $c_t/y_t=c_t/k_t^{\alpha}$ 会降低,即资本密集度和消费比重呈负相关性。

同样第 t 期期初人均资本存量 k_t 和上期的人均消费 c_{t-1} 均已确定,假设第 t 期整个社会的资本密集度 α 增加。根据动态方程(A2.7), $\dot{c}_t/c_t=(r_t-\rho)/\theta$,由于第 t 期整个社会的资本密集度 α 增加,第 t 期资本的当期回报 r_t 会增加,人均消费会增加得更快,所以第 t 期的人均消费 c_t 会增加, $c_t=c_{t-1}/[1-(r_t-\rho)/\theta]$,显然 $1-(r_t-\rho)/\theta>0$ 。我们可以得到, $d(y_t/c_t)/d\alpha=[1-(r_t-\rho)/\theta]\alpha k_t^{\alpha-1}/c_{t-1}-(1/\theta)(k_t^{\alpha}/c_{t-1})dr_t/d\alpha$ 。很明显,第一项为正;由于 $dr_t/d\alpha=\alpha(\alpha-1)k_t^{\alpha-2}<0$,所以第二项也为正。这样一来, $d(y_t/c_t)/d\alpha>0$ 。这表明消费占比 c_t/y_t 随着整个社会的资本密集度 α 的增加而下降,说明随着整个社会的资本密集度 α 的增加,人均消费增加的幅度小于人均产出增加的幅度。这是符合我们的经济学直觉的,在资本的边际产出增加、贴现率不变和产出不变的情况下,由于投资的回报增加,消费者会选择压低当前的消费增加投资;由于资本的边际产出增加使得总产出增加了,所以人均消费会增加,但是消费占比会下降。

命题 8: 在存在外生的资本偏向型技术进步的情况下,随着整个社会的资本密集度 α 的增加,投资会增加,即资本密集度和投资呈正相关性。

根据动态方程(A2.9), $\dot{k}_t=f(k_t)-c_t-nk_t$,以及上述两个命题,由于第 t 期整个社会的资本报酬份额 α 增加,总产出增加,消费占比下降,这两种作用会使得投资增加。

四、模型校准和模拟

在第三部分,我们考察了资本偏向型技术对投资、消费和产出的影响。在这一部分,我们将根据中国的数据校准模型的参数,然后根据校准的参数模拟 1998—2007 年资本、消费和产出的路径,根据模拟的路径和实际的路径分析资本偏向型技术进步对该期间经济快速增长的解释力度。

(一) 校准策略与参数的设定

我们先来看一下代表资本偏向型技术进步的参数 α 的数据,在柯布-道格拉斯生产函数中资本密集度 α 等于资本报酬份额。根据 1995—2013 年《中国统计年鉴》地区生产总值收入法构成项目,我们可以找到各省、市的劳动者报酬和地区生产总值,经过汇总可以得到全国的劳动者报酬和地区生产总值,这样我们就可以得到劳动者报酬份额 $1-\alpha$。据此,我们可以得到资本报酬份额 α 的数据。根据图 A2.7 我们可以发现,1994—1999 年几个指标都比较接近,由于 1995 年数据缺失,而 1997 年和 1994 年很接近,为了充分利用信息,我们选择 1997 年作为初始年份。

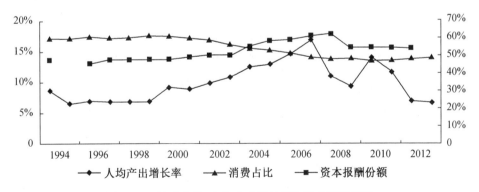

图 A2.7　消费占比、人均产出增长率和资本报酬份额

注释:作者根据各年份《中国统计年鉴》整理所得,图中资本报酬份额个别年份数据缺失。

确定初始年份后我们再来看看模型的参数:初始人均资本存量 k_0、初始价格 p_0、资本折旧率 δ、人口增长率 n、偏好参数 θ 和 ρ。有些参数根据《中国统计年鉴》和文献可以直接获得。根据张军和章元(2003)的计算，以 1952 年不变价格计价的 1997 年资本存量价值数据除以人口数可以获得初始人均资本存量价值 $p_0 k_0 = 4\,518$ 亿元。我们注意到，即使以 1952 年不变价格计价，该数据依然是价值概念，我们要校准初始价格 p_0。跟张军和章元(2003)一样，我们设定折旧率 δ 为 0.096。根据《中国统计年鉴》的就业人数我们很容易可以得到每年的就业人数增长率 n。根据现有文献(比如，Eicher & Turnovsky,2001)通常的方式我们设定偏好参数 θ 为 1。

　　由于文献对 ρ 的设定差异比较大，从 0.01 到 0.1 不等，[①]所以我们根据中国的数据对偏好参数 ρ 和初始价格 p_0 进行校准。根据动态方程(A2.7)和(A2.9)，初始实际人均资本存量 k_0 越接近均衡实际人均资本存量 k^*，那么经济增长速度 g_{yt} 越慢；初始实际人均资本存量 k_0 离均衡实际人均资本存量 k^* 越远，那么经济增长速度 g_{yt} 越快。所以，经济增长速度 g_{yt} 和初始实际人均资本存量 k_0 与均衡实际人均资本存量 k^* 之间的距离有关。如果偏好参数 ρ 确定，那么我们可以根据方程(A2.10)式来确定均衡实际人均资本存量 k^*。根据中国 1997 年的经济增长速度，我们可以校准出 1997 年的实际人均资本存量 k_0。由于我们已经知道 1997 年的实际人均资本存量的价值 $p_0 k_0$，所以我们可以校准出 p_0。由于偏好参数 ρ 和消费有关，相同经济增长速度下不同的偏好参数 ρ 对应的消费占比不同，所以我们的校准策略是根据初始年份的经济增长速度和消费占比来校准参数 ρ 和初始价格 p_0。

　　具体来讲，1997 年的人口增长率 n 为 0.011，折旧率 δ 为 0.096，偏好参数 θ 为 1，1997 年实际人均产出经济增长速度为 6.875%，消费占比为 60.6%。先设定偏好参数 ρ(比如，从 0.01 开始不断增加)，在所有的参数都已经确定的情况下，根据(A2.10)和(A2.11)计算平衡增长路径上的实际人均资本存量 k^* 和实际人均消费 c^*。然后，再设定一个很小的初始人均资本存量(比如，0.1)和初始人均消费量，按照(A2.7)和(A2.9)的动态方程来找接下来的实际人均资本存量路径和初始实际人均消费路径。校准模型时，动态方程组是非线性的，现有文献通常采用一阶近似来寻找达到平衡增长路径的初始实际人均消费。本文采用网格法搜索寻找该初始实际人

---

　　① 比如说，Eicher & Turnovsky(2001)采用的 ρ 为 0.04。

均消费,通过不断调整初始人均消费使得该初始点根据动态方程组到达平衡增长路径上的实际人均资本存量 k^* 和实际人均消费 c^* 。有了鞍点路径后,我们可以计算出任意一个偏好参数 ρ 设定下的任何一个时间的实际人均产出增长率和消费占比。在不同的偏好参数 ρ 下,根据对应的鞍点路径,我们可以得到实际人均产出经济增长速度为 6.875% 对应的消费占比,由此我们可以得到图 A2.8。从图 A2.8 中我们可以看到,消费占比 60.6% 对应的偏好参数 ρ 比较接近 0.09,所以我们设定偏好参数 ρ 为 0.09。当实际人均产出增长速度为 6.875% 和实际人均消费占比为 60.6% 时所对应的实际人均资本存量 k_0 为 3.105,由此我们可以得到 1997 年的初始价格 $p_0=$ 1 495。综上,我们根据中国经济数据校准了所有的参数。

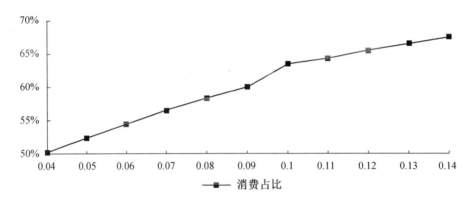

图 A2.8　不同的偏好参数对应的消费占比

(二) 模拟结果与实际数据的比较

根据中国经济数据我们校准得到了所有的参数,初始实际人均资本存量 $k_0=3.105$、初始价格 $p_0=1\,495$、资本折旧率 $\delta=0.096$、偏好参数 $\theta=1$ 和 $\rho=0.09$。这样一来,我们可以根据每年的统计数据进行计算,从而获得人口增长率 n 和资本报酬份额 α。有了初始值,把校准了的参数和 1998 年以后的实际人口增长率和资本报酬份额代入动态方程(A2.7)和(A2.9)我们可以模拟 1998 之后的人均资本存量路径、人均消费路径、人均产出路径、人均产出增长率路径和消费占比路径。

　　从图 A2.9 到图 A2.11 中我们可以直观地看出，模拟的 1998—2007 年的数据和实际的数据很接近。根据表 A2.1 人均资本存量模拟的路径和实际的路径的平均拟合度高达 99.6%，从图 A2.9 中我们可以看出 2003 年以前模拟的人均资本存量路径高于实际路径，但非常接近；2004 年开始实际的人均资本存量路径高于模拟路径，拟合度从 102% 下降到 86%。根据表 A2.1 人均消费模拟的路径和实际的路径的平均拟合度为 85%，从图 A2.10 中我们可以看出，模拟的人均消费基本都比实际的人均消费低，特别是从 2004 年开始实际的人均消费与模拟的人均消费偏离度越来越高，拟合度从 90% 下降到 70%。根据表 A2.1 人均产出模拟的路径和实际路径的平均拟合度高达 89%，从图 A2.11 中我们可以看出，从 2003 年开始实际的人均产出路径高于模拟路径，而且偏离度越来越大。结合这三个图，我们发现从 2003 年开始实际的人均产出、人均消费和人均资本存量都超过了模拟的数据，说明可能从 2003 年开始有另外一股力量推动经济增长，这股力量不弱，但相对于资本偏向型技术的推动来说还不是很强。从图 A2.12 中我们可以观察到，占全社会固定资产投资的 20% 的全社会住宅投资从 2003 年开始增长率从 10% 左右增加到 20% 左右。住宅投资推动经济增长和资本偏向型技术进步推动经济增长的机制是不一样的。资本偏向型技术进步提高了资本的人均产出，带来投资回报率上升，从而促进了投资带来经济增长；而在住宅投资中，资本的人均产出没有变化，但由于房地产价格上涨带来投资回报率的提高，从而促进了投资带来经济增长。本文只考虑了资本偏向型技术对经济增长产生的影响，没有考虑住宅投资对经济增长产生的影响。

表 A2.1　各变量模型值和实际值的拟合度

年份	人均资本拟合度	人均消费拟合度	人均产出拟合度	人均产出增长速度拟合度	消费占比拟合度
1997	100	100	100	104	104
1998	102	88	98	74	88
1999	107	95	99	107	96

（续表）

年份	人均资本拟合度	人均消费拟合度	人均产出拟合度	人均产出增长速度拟合度	消费占比拟合度
2000	108	93	95	54	97
2001	107	90	92	59	98
2002	106	87	89	62	98
2003	102	87	83	33	104
2004	96	80	82	89	98
2005	92	74	82	107	89
2006	89	73	79	64	92
2007	86	70	76	73	92
平均拟合度	99.6	85	89	75	96

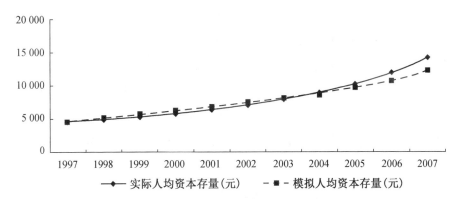

图 A2.9　人均资本存量路径实际数据和模型数据的比较

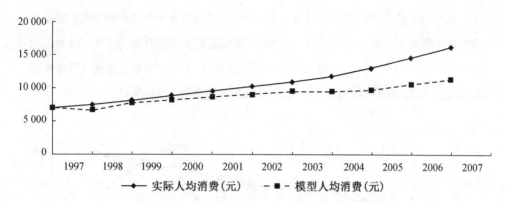

图 A2.10   人均消费路径实际数据和模型数据的比较

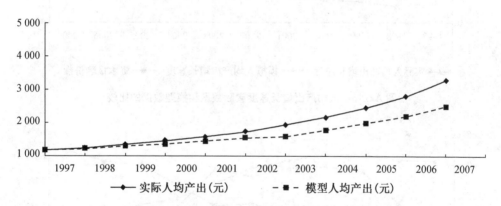

图 A2.11   人均产出路径实际数据和模型数据的比较

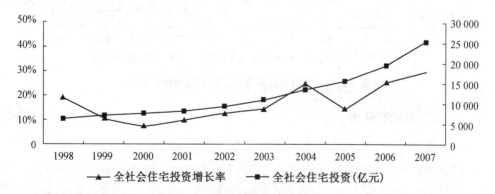

图 A2.12   全社会住宅投资及其增长率

注释：数据来源于统计局网站。

从图 A2.13 和图 A2.14 中我们可以看出，即使从流量指标来看模型模拟的路径和实际的路径依然拟合度也很高，人均产出增长率的平均拟合度为 75%，消费占比的平均拟合度为 96%。而且我们可以很清晰地看出，人均产出增长速度与资本报酬份额度成正比，消费占比与之成反比，符合命题 6 和命题 7 中的结论。

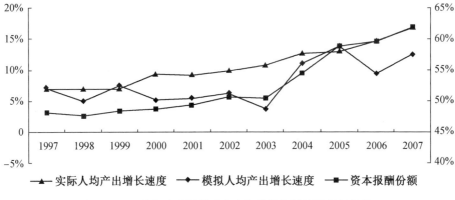

图 A2.13　人均产出增长速度实际数据和模型数据的比较

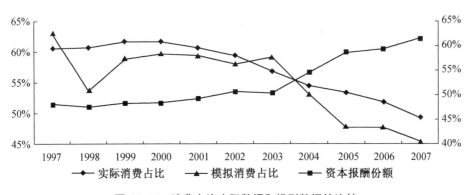

图 A2.14　消费占比实际数据和模型数据的比较

（三）稳健性分析

在前面的分析中，我们只校准了两个参数，贴现率 ρ 和初始价格 p_0，并且一旦贴现率 ρ 确定下来，初始价格 p_0 也就随之确定下来了。所以，在进行稳健性分析时，我们只需要关注贴现率即可。前面的校准策略是根据初始年份的经济增长速度和消费占比来校准贴现率 ρ 和初始价格 p_0，并且从图 A2.8 中我们可以看出贴现率为 0.09

和 0.1 时跟我们的校对值比较接近，但是其他的贴现率值偏差很大。这样一来，在稳健性分析时，我们主要观察贴现率为 0.09 和 0.1 对各变量的影响。

从图 A2.15—图 A2.18 中我们可以看出，不同的贴现率对人均资本存量、人均产出、人均产出增长率和消费比重的影响很小。贴现率为 0.1 时模拟的人均资本存量和实际的人均资本存量的平均拟合度依然高达 96.6%，模拟人均产出和实际人均产出的平均拟合度相比贴现率为 0.09 时更高，达到 85.2%。

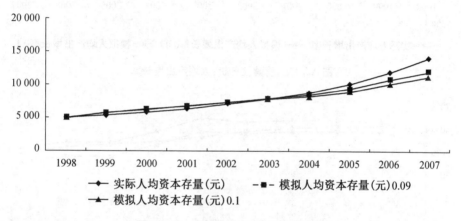

图 A2.15　稳健性分析：人均资本存量

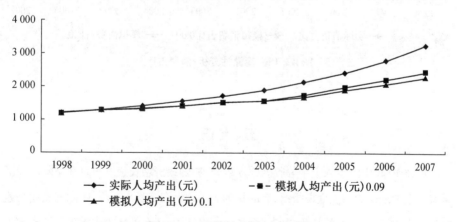

图 A2.16　稳健性分析：人均产出

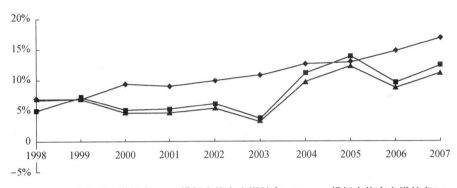

图 A2. 17　稳健性分析：人均产出增长率

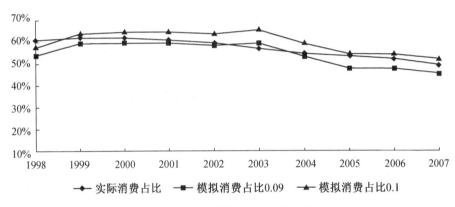

图 A2. 18　稳健性分析：消费占比

五、结语

自 2010 年中国步入上中等收入国家以来,中国经济增长速度一直在下降。经济学家对中国未来的经济众说纷纭,有的认为中国的潜在增长率下降,中国将由超高速增长转为中速增长,有的认为中国将会进入衰退通道,还有的认为中国未来还有十年的高速增长期。对未来的判断正确与否实际上跟对过去的判断正确与否有关。1998—2007 年对中国来说是比较特殊的阶段,连续数年经济增长速度在两位数以上。理论界很少单独讨论中国 1998—2007 年的经济增长，通常只是在分阶段进行经济增长核算时有所涉及。现有文献对这段时期的总体评价是投资过热，资本对经济增长的贡献超过其他阶段，全要素生产率在下降。

本文认为，基于希克斯中性技术进步的全要素生产率只是反映技术变化的一个方面，技术变化还有哈罗德中性技术进步和索罗中性技术进步。1998—2007 年中国发生了比较大的索罗中性技术进步，资本报酬份额从 47.6% 上升到 61.5%，不从这个角度出发就无法解释这段时间投资超高速增长、消费占比下降以及经济超高速增长。本文分析了资本偏向型技术进步的发生机制，在拉姆齐框架下引入外生的资本偏向型技术进步，这种类型的技术进步提高了资本的人均产出，增加了投资回报率，从而带来了投资增加、消费上升但消费占比下降以及经济增长。我们根据中国的数据进行了校准，在校准时采用网格法搜索的方式解决非线性动态方程一阶近似带来的偏差，同时我们根据校准的参数对 1998—2007 年的各变量路径进行了模拟。本文发现，仅仅考虑资本偏向型技术进步，模拟的资本存量路径和中国实际的资本存量路径平均拟合度为 99.6%，消费路径平均拟合度为 85%，人均产出增长率路径平均拟合度为 75%。这意味着 1998—2007 年中国经济快速增长主要是来自资本偏向型技术进步的假说是成立的。

本文构建的模型不仅能够解释 1998—2007 年的中国经济增长，而且对中国未来经济增长也有一定启示作用。根据本文的模型，我们可以得到两个重要结论：一是经济要实现持续快速增长一定是由技术进步带来的，但是技术进步并不仅仅局限于希克斯中性技术进步；二是经济增长速度快慢和技术进步的快慢有关，技术进步越快，经济增长速度越快，技术进步越慢，经济增长速度越慢。我们下一步研究的重点是日本和韩国在资本偏向型技术进步之后的新的经济增长源泉是什么，这可以为新形势下中国经济增长寻找新的动力源泉提供一定的借鉴作用。

参考文献

[1] 白重恩,钱震杰.国民收入的要素分配:统计数据背后的故事[J].经济研究,2009 (3).

[2] 白重恩,张琼.中国旳资本回报率及其影响因素分析[J].世界经济.2014,37(10).

[3] 方文全.中国的资本回报率有多高? ——年份资本视角的宏观数据再估测[J].经济学(季刊),2012,11(2).

[4] 郭庆旺,贾俊雪.中国全要素生产率估算:1979—2004[J].经济研究,2005(06).

[5] 黄先海,刘毅群.物化性技术进步与我国工业生产率增长[J].数量经济技术经济研究,2006,23(4).

[6] 黄先海,刘毅群.设备投资、体现型技术进步与生产率增长:跨国经验分析[J].世界经济,2008(4).

[7] 黄先海,徐圣.中国劳动收入比重下降成因分析[J].经济研究,2009,44(7).

[8] 李稻葵,刘霖林,王红领.GDP中劳动份额演变的U型规律[J].经济研究,2009 (1).

[9] 林毅夫,任若恩.东亚经济增长模式相关争论的再探讨[J].经济研究,2007(8).

[10] 林毅夫.新结构经济学——重构发展经济学的框架[J].经济学(季刊),2010(10).

[11] 林毅夫.新结构经济学:反思经济发展与政策的理论框架[M].北京:北京大学出版社,2012.

[12] 刘晓光,卢锋.中国资本回报率上升之谜[J].经济学(季刊),2014(13).

[13] 罗长远,张军.经济发展中的劳动收入占比:基于中国产业数据的实证研究[J].中国社会科学,2009(4).

[14] 皮建才.经济发展中的全要素生产率悖论[J].中南财经政法大学学报,2008(6).

[15] 钱纳里,鲁宾逊,赛尔奎因.工业化和经济增长的比较研究[M].吴奇,译.上海:上海三联书店,1989.

[16] 宋冬林,王林辉,董直庆.资本体现式技术进步及其对经济增长的贡献率(1981—2007)[J].中国社会科学,2011(2).

[17] 王小鲁.中国经济增长的可持续性与制度变革[J].经济研究,2000(7).

[18] 吴敬琏.中国增长模式抉择[M].上海:上海远东出版社,2006.

[19] 易纲,樊纲,李岩.关于中国经济增长与全要素生产率的理论思考[J].经济研究, 2003(8).

[20] 余泳泽.改革开放以来中国经济增长动力转换的时空特征[J].数量经济技术经济研究,2015,32(2).

[21] 张军.增长、资本形成与技术选择:解释中国经济增长下降的长期因素[J].经济学(季刊),2002(1).

[22] 张军,章元.对中国资本存量 K 的再估计[J].经济研究,2003(7).

[23] 张勋,徐建国.中国资本回报率的再测算[J].世界经济,2014(8).

[24] 张勋,徐建国.中国资本回报率的驱动因素[J].经济学(季刊),2016(3).

[25] 赵志耘,吕冰洋,郭庆旺,等.资本积累与技术进步的动态融合:中国经济增长的一个典型事实[J].经济研究,2007(11).

[26] 郑玉歆.全要素生产率的测算及其增长的规律——由东亚增长模式的争论谈起[J].数量经济技术经济研究,1998(10).

[27] Chow G C. Capital formation and economic growth in China[J]. Quarterly journal of economics,1993,108(3)：809 - 842.

[28] Chow G C, Li K W. China's economic growth：1952 - 2010[J]. Economic development and cultural change, 2002, 51(1)：247 - 256.

[29] Eicher T S, Turnovsky S J. Transitional dynamics in a two-sector non-scale growth model[J]. Journal of economic dynamics & control, 2001, 25(1 - 2)：85 - 113.

[30] Krugman P. Myth of Asia's miracle[J]. Foreign affairs, 1994, 73(6)：62 - 78.

[31] Michl T. , Thomas R. Biased technical change and the aggregate production function[J]. International review of applied economics, 1999, 13(2)：193 - 206.

[32] Park J, Ryu H K. Accumulation, technical progress, and increasing returns in the economic growth of east Asia[J]. Journal of productivity analysis, 2006, 25(3)：243 -255.

[33] Solow R. Technical change and the aggregate production function[J]. Review of economics and statistics, 1957, 39(3)：312 - 320.

[34] Song Z, Storesletten K, Zilibotti F. Growing like China[J]. American economic review, 2011, 101(1)：196 - 233.

[35] Wang H, Li P. Empirical analysis of the sources of China's economic growth in 1978 - 2008[J]. Journal of knowledge-based innovation in China, 2011, 3(2): 91 - 105.

[36] Young A. Gold into base metals: productivity growth in the People's Republic of China during the reform period[J]. Journal of political economy, 2003, 111(6): 1220 - 1261.

后　记

　　一晃博士毕业已经十几年了，现在终于可以把我的博士论文出版了，心里感到非常欣慰。回首博士论文的选题、写作过程、后来的反馈以及后续的研究，感慨万千。

　　先来回顾我的博士论文的选题过程。我记得 2004 年博士一年级下学期有一次听林毅夫老师的讲座，林老师讲的是关于重工业优先发展战略的内容。当时的我一直在上高级微观经济学、高级宏观经济学和高级计量经济学课程，满脑子都是模型。林老师台上讲着重工业和轻工业，我在台下边听林老师的讲座边在脑海里构建重工业和轻工业的模型。听完林老师的讲座，我脑海里的模型也构建得差不多了，就很兴奋地跑到我的导师姚洋老师的办公室，我跟姚老师说我对中国的重工业优先发展战略很感兴趣，姚老师一听很开心，他觉得这个问题值得研究。就这样，我的博士论文的选题在博士一年级的下学期就非常顺利地确定下来了。

　　再来回顾我的博士论文的写作过程。相对于选题过程的顺利，我的写作过程真可谓一波三折。

　　先说碰到的第一个比较低级的难题。当时虽然推导过很多经典的模型，但是轮到推导自己的模型时才发现学艺不精。刚开始构建的模型有三个部门，分别为农业部门、轻工业部门和重工业部门，并且轻工业部门和重工业部门又分别有很多种产品，我在第一步求解静态一般均衡结果时就卡住了。由于构建的模型比较复杂，每推一遍模型就需要写很多张纸。在我验算推导是否正确时，我发现每次推出来的结果都不一样。后来才发现自己在推导一般均衡模型时顺序有问题，正确的做法是先假设商品的价格和要素的价格是外生的，消费者选择消费来最大化效用，厂商选择要素的需求来最大化利润，然后根据市场出清条件可以得到各种商品和要素的价格。就这样，光是推导静态一般均衡结果就费了我两个大本子，花了我半年的时间。

再说一个比较难但最终解决了的难题。由于我的博士论文不光要解释政府对重工业补贴的理论机制，而且还要对我国的工业化进程进行评价，所以我需要构建更加符合现实的模型。在第四章我们假设重工业和轻工业的固定投资随中间品种类和最终品种类的变化而变化，因为一方面在一个比较长的时间跨度重工业和轻工业的固定投资很难是固定不变的，另一方面这也体现了第二代内生增长理论提出的"研发会越来越难"的思想。这个假设更加符合现实，但是这个假设大大增加了模型推导的难度。在我之前看过的文献中没有这个假设，我的研究工作一度停止。我只能不断地查阅文献，我印象中这个问题至少卡住我半年的时间。功夫不负有心人，最后终于在一篇文献中看到类似问题的解决方案，我的博士论文才得以往前推进。

最后说一个至今没有解决的难题。

我们刚开始构建的是三部门模型，也就是现在大家看到的第三章内容。三部门模型的结果会出现多重均衡，不同的起点会有不同的均衡路径。我们有部分参数是根据中国的实际路径和模型预测的路径来校准的，如果不知道在哪条均衡路径上就无法确定模型预测的路径，因此也就无法进行参数的校准。没有参数的校准，就无法做政策试验，也就无从评价我国的工业化道路。

事实上，我们认为重工业优先发展战略更大的意义是帮助我国脱离了贫困陷阱。当时的中国人均国内生产总值在世界上的排名为倒数第 5 名，而目前有 29 个国家属于低收入国家，有很多比当时的中国先进的国家经过半个多世纪的发展现在依然陷入贫困陷阱。但是由于技术的原因，我们无法论证这一点。我们只能从理论上说明重工业优先发展战略存在帮助中国脱离贫困陷阱的理论机制，但是没有办法从实证上去论证中国如果没有实行重工业优先发展战略就一定会陷入贫困陷阱，更没有办法从数量上测算考虑到贫困陷阱，重工业优先发展战略对中国的贡献。这一点是我的博士论文一个比较大的遗憾，至今没能解决。

因此我的博士论文的结构是第三章构建了一个三部门模型，从理论上去论证重工业优先发展战略有助于帮助中国脱离贫困陷阱的理论机制，第四章构建了一个两部门模型，相当于假设即使不实行重工业优先发展战略中国也不会陷入贫困陷阱，第五章进行参数校准和政策试验，研究不考虑贫困陷阱下实行重工业优先发展战略对于中国的意义。我想经过这番解释,大家看我的博士论文会更容易理解一些。

论文出来以后陆陆续续有些反馈。在我的记忆中,有几件事情印象很深刻。

第一件事情是关于《经济研究》的。我记得 2008 年春节期间接到《经济研究》编辑老师的电话。编辑老师问我是不是海归老师,我说我不是,我是姚老师的博士生,编辑老师称赞了我一番,让我多少有些诚惶诚恐,同时也有一种被认可的感觉。2009 年姚老师给我打电话,说《经济研究》会发表一篇和我们商榷的论文,我们可以写一个回应。虽然最后没有发表这个回应,但是对我来说,这说明我们的研究得到一些学者的关注,这是一件非常开心的事。

第二件事情是 2016 年我收到一封邮件,是一位北大的学生写的。我收到邮件才知道我的两篇论文是姚老师开设的一门课程的必读文献。这位学生两周后要汇报我的论文,对其中的推导过程不是很清楚。这也是我想出版我的博士论文的一个重要的初衷,我希望能够在出版的书中更详细地说明我的推导过程。

第三件是现在大家对于重工业优先发展战略的看法有所改变。在我写博士论文时,当时理论界对于重工业优先发展战略几乎是持彻底否定的态度。但是现在有很多学者也注意到了重工业优先发展战略具有积极的一面,比如林晨和陈斌开(2018)[①]发现重工业对轻工业技术效率会产生正面影响,邓宏图、徐宝亮和邹洋(2018)[②]发现在最初阶段重工业增长会导致经济增长。正如博士论文最后一段所表达的,我希望我的研究只是抛砖引玉,期待能够引发大家更多关于重工业优先发展战略的思考。

写完博士论文后,我发现构建的模型除了可以分析中国计划经济时期实行的重工业优先发展战略以外,还对当下的经济有一些启示作用。因此,后续我做了两方面的拓展研究。

第一方面的拓展是对内生增长理论的反思。当时我观察到一个现象,一方面,中

[①]　林晨,陈斌开.重工业优先发展战略对经济发展的长期影响——基于历史投入产出表的理论和实证研究[J].经济学(季刊),2018,17(2):826.

[②]　邓宏图,徐宝亮,邹洋.中国工业化的经济逻辑:从重工业优先到比较优势战略[J].经济研究,2018,53(11):19.

国专利申请数量快速增长，另一方面，很多专利束之高阁。按照内生增长理论，专利数量增加可以提高生产率，生产率提高会带来内生增长。这带给我一个疑惑，专利数的增加真的可以带来内生增长吗？当我翻阅大量文献后，我发现内生增长理论虽然以 Young(1928) 的思想为起点，但是在我看来内生增长理论误解了 Young(1928) 的思想。内生增长理论把长期增长的源泉归结为研发，而 Young(1928) 认为专利的增加只是实现长期增长的一个环节而已，要实现长期增长最重要的是要启动"劳动分工（发明专利）—生产率提高—市场规模扩大—劳动分工（发明专利）"这个自我持续过程。如果专利的增加没有带来生产率的提高，那么单纯专利增加并不会带来长期增长。而我博士论文构建的模型恰好反映了 Young(1928) 的思想，即使没有研发部门，由于劳动分工，最终品和中间品种类数量增加，生产率会提高，市场规模会扩大，最终品和中间品种类数量会进一步增加，经济可以实现长期增长。由此，有了《市场规模、劳动分工和内生增长模型——兼论内生增长理论是否误解了 Young?》这篇文章，这是我的博士论文在理论方面的拓展，我把这篇文章放在附录 1 中。

　　第二方面的拓展是对中国 1998—2007 年经济快速增长的解释。主流观点认为中国经济增长主要来源于要素贡献，特别是来自资本的贡献，而不是全要素生产率的贡献。我发现一个特征事实，1998—2007 年资本报酬份额从 47.6％ 持续上升到61.5％。我认为 1998—2007 年经济快速增长是资本从轻工业转移到重工业带来的，这种结构转型属于 Solow(1957) 定义的广义的技术进步，我把它称之为资本偏向型技术进步。我在博士论文中构建的两部门模型刚好可以用来分析一个经济体从轻工业转向重工业过程是如何影响投资、消费和经济增长的，我在博士论文掌握的校准的方法也刚好可以用来对 1998—2007 年进行参数校准，最终模型拟合的资本存量路径、消费路径和人均产出增长率路径和实际的路径拟合程度很高。由此，有了《中国的资本偏向型经济增长：1998—2007》这篇文章，这是我的博士论文在应用方面的拓展，我把这篇文章放在附录 2 中。

　　回首博士期间，我最想感谢的是我的导师姚老师。姚老师是我学术上的引路人。我记得写博士论文时常常发现一些学术界没什么人做的点，然后就想去研究，每每此刻姚老师就会把我拉回我的选题中来，让我少走了很多弯路。我印象很深刻的是发表在《经济研究》的论文,除了前期选题、研究内容和研究结构等指导以外,姚老师对论文草稿一字一句地修改,从摘要、引言、文献综述、结论、分段甚至标点符号,我在姚老师的指导下修改了十几个版本,最后这篇文章投稿非常顺利。姚老师除了是我学术上的引路人以外,在为人处世、对待学生、学术追求和治学态度等等都是我的引路人,这里就不一一道来了。

毕业十几年再回过头看自己写的博士论文,觉得有很多的不足之处,第一反应是进行大刀阔斧的修改。但是细细读来,这篇博士论文符合我当时的认知,读博士期间也是花了很多心血去写的。如果我全盘修改,也许就失去了青涩的味道。青涩虽然不够完美,但青涩是真实的。所以,想来想去,还是尊重当时学术上青涩的自己,保留原来的味道,仅做一些必要的修改。

毕业十几年,回首写博士论文的种种过程,姚老师对我的指导和关爱,希望带着这些养分,以出版这本书为契机,我可以捡回那个曾经热血的学术青年,不忘初心,继续前行。

郑东雅
2022 年 9 月 27 日